HERZLICHEN GLÜCKWUNSCH

Und Dankeschön für den Kauf dieses Buches. Als besonderes Schmankerl* finden Sie unten Ihren persönliche Code, mit dem Sie das Buch exklusiv und kostenlos als eBook erhalten.

Beachten Sie bitte die Systemvoraussetzungen auf der letzten Umschlagseite!

54018-r65p6-utcuu-i0181

Registrieren Sie sich einfach in nur zwei Schritten unter **www.hanser.de/ciando** und laden Sie Ihr eBook direkt auf Ihren Rechner.

* Bayrisch für eine leckere Kleinigkeit; ein Leckerbissen

Christian Fries
Grundlagen der Mediengestaltung

Bleiben Sie einfach auf dem Laufenden:
www.hanser.de/newsletter
Sofort anmelden und Monat für Monat
die neuesten Infos und Updates erhalten.

Herausgeber:
Professor Dr. Ulrich Schmidt

Weitere Bücher der Reihe:
Kai Bruns/Benjamin Neidhold, Audio-, Video-
und Grafikprogrammierung
Thomas Görne, Tontechnik
Arne Heyna/Marc Briede/Ulrich Schmidt,
Datenformate im Medienbereich
Uwe Kühhirt/Marco Rittermann, Interaktive
audiovisuelle Medien
Thomas Petrasch/Joachim Zinke, Einführung
in die Videofilmproduktion
Hannes Raffaseder, Audiodesign
Ulrich Schmidt, Digitale Film- und Videotechnik

Christian Fries

Grundlagen der Mediengestaltung

3., überarbeitete und erweiterte Auflage

Fachbuchverlag Leipzig
im Carl Hanser Verlag

Herausgeber:
Prof. Dr. Ulrich Schmidt
Hochschule für Angewandte Wissenschaften Hamburg
Fachbereich Medientechnik
Stiftstraße 69
20099 Hamburg

Die Wiedergabe von Gebrauchsnamen, Handelsnamen, Warenbezeichnungen usw. in diesem Werk berechtigt auch ohne besondere Kennzeichnung nicht zu der Annahme, dass solche Namen im Sinne der Warenzeichen- und Markenschutz-Gesetzgebung als frei zu betrachten wären und daher von jedermann benutzt werden dürften.

Bibliografische Information der Deutschen Nationalbibliothek
Die Deutsche Nationalbibliothek verzeichnet diese Publikation in der Deutschen Nationalbibliografie; detaillierte bibliografische Daten sind im Internet über http://dnb.d-nb.de abrufbar.

ISBN 978-3-446-40898-2

Dieses Werk ist urheberrechtlich geschützt.
Alle Rechte, auch die der Übersetzung, des Nachdruckes und der Vervielfältigung des Buches, oder Teilen daraus, vorbehalten. Kein Teil des Werkes darf ohne schriftliche Genehmigung des Verlages in irgendeiner Form (Fotokopie, Mikrofilm oder ein anderes Verfahren), auch nicht für Zwecke der Unterrichtsgestaltung – mit Ausnahme der in den §§ 53, 54 URG genannten Sonderfälle –, reproduziert oder unter Verwendung elektronischer Systeme verarbeitet, vervielfältigt oder verbreitet werden.

Fachbuchverlag Leipzig im Carl Hanser Verlag

© 2008 Carl Hanser Verlag München
Internet: http://www.hanser.de

Umschlagdesign: +malsy, Willich
Umschlaggestaltung: MCP · Susanne Kraus GbR, Holzkirchen
Redaktionelle Mitarbeit: Rainer Witt, Dore Wilken
Datenbelichtung, Druck und Bindung: Kösel, Krugzell
Ausstattung patentrechtlich geschützt. Kösel FD 351, Patent-Nr. 0748702
Printed in Germany

VORWORT

Die Medienwelt wird immer schneller und unübersichtlicher. Dabei spielen interaktive Medien eine zunehmend wichtigere Rolle. Damit ändern sich auch die Anforderungen an einen Gestalter. Er wird immer mehr zum Allrounder und auch Verantwortung und Arbeitspensum steigen. In diesem Zusammenhang bestätigt sich immer wieder unsere These, dass die Basis jeder guten medialen Kommunikation ein tragfähiges Konzept sein muss. Dies gilt gleichermaßen für Plakate, Radiospots, Internetseiten oder Kurzfilme.

Da kommt die **dritte Auflage** der „Grundlagen der Mediengestaltung" gerade zum richtigen Zeitpunkt. Sie ist vollständig überarbeitet und neu gestaltet und berücksichtigt die neuesten Entwicklungen in der Medienwelt.
Seit einigen Jahren ist dieses Buch nun Grundlage der Ausbildung von Studenten im Bereich „Grundlagen der Mediengestaltung" an der Fakultät Digitale Medien der Hochschule Furtwangen.
Als es 2002 als Lehr- und Arbeitsbuch auf den Markt kam, haben wir nicht geglaubt, dass es ein solcher Erfolg werden würde.

Für die vielen konstruktiven Kommentare von Professoren und Dozenten verschiedenster Hochschulen und Designakademien sind wir sehr dankbar. Auch alle diejenigen, die das Buch in der täglichen Arbeit bei der Ausbildung einsetzen, haben uns viele Tipps und Hinweise zum Optimieren der einzelnen Kapitel gegeben.
Besonders freut uns, dass auch viele „Artfremde", also Menschen, die nur peripher mit Gestaltung und Design zu tun haben, uns geschrieben haben. Dank der im Buch erläuterten Grundlagen sind ihnen nun diverse Aspekte verständlicher und klarer geworden.
Unser besonderer Dank geht an den Verlag, der diese Ausgabe ebenso umsichtig begleitet wie die ersten beiden Auflagen. Außerdem danken wir allen Lesern und Hinweisgebern. Und den neuen Lesern wünschen wir viel Neugier und eine anregende und lernoffene Lektüre.

Christian Fries

VOM RAUSCHEN ZUM BERAUSCHEN

Wir leben in einer Mediengesellschaft: Medien bestimmen unseren Alltag, unser Denken und Handeln, unsere Wahrnehmung von der Welt.

Die stetig wachsende Bedeutung der Medien wird niemand mehr ernsthaft in Frage stellen. Um was es hier auf den nächsten 250 Seiten gehen soll, ist die Frage, wie in einer fortgeschrittenen Mediengesellschaft die Medien gestaltet werden müssen, um überhaupt wahrgenommen zu werden. Mit anderen Worten: Wie informiere und fasziniere ich aufgeklärte, medienerfahrene Menschen.

In einer Zeit, in der die Produkte immer ähnlicher und deshalb die Faktoren Gestaltung und Design immer **wichtiger** werden, braucht es professionell konzipierte Mediengestaltung.
Wir meinen damit: Gestaltung mit Ideen. Und es braucht kreative Menschen, die gestalten wollen und Lust am Gestalten haben.

Für genau diese Menschen ist dieses Buch gemacht.
Es bietet einen Einstieg in das komplexe Thema Mediengestaltung. Dabei können hier viele Themen nur angerissen werden. Zum weiteren Vertiefen in Farbe, Typografie oder Layout gibt es eine Fülle von Fachliteratur, einige wichtige Titel finden Sie in der Literaturliste am Schluss des Buches.

„Mediengestaltung" ist ein Arbeitsbuch, kein Bilderbuch, sondern ein - verzeihen Sie den altmodischen Ausdruck - Lehrbuch. Denn wir gehen davon aus: Mediengestaltung ist erlernbares Handwerk. Deshalb ist dieses Buch pures **Handwerkszeug**. Es vermittelt die Basics und liegt am liebsten aufgeschlagen auf dem Arbeitstisch - mit Zetteln versehen und vielen Notizen. Für das Repräsentieren im Bücherregal ist es viel zu schlicht.

Das Arbeitsbuch Mediengestaltung will

▶ die Grundlagen und das Basiswissen für moderne Mediengestaltung vermitteln.
Dabei machen wir hier keinen Unterschied zwischen Offline-Medien wie Zeitungen, Zeitschriften oder Büchern und Online-Medien wie Internetseiten und CD-ROM.
Für alle Medien gelten dieselben Anforderungen am Markt:
Es zählt die gute Idee und die gute Gestaltung. Denken Sie ab sofort nicht mehr in Medien, denken Sie einfach in Ideen.

▶ den Spass am Gestalten zeigen

▶ Mut machen, den ersten Schritt zum Selbergestalten wirklich zu gehen.

Und es will vor allem animieren zum Auszuprobieren. Just do it.

INHALT

1. Teil Gestalterische Grundlagen

1 Neu sehen lernen 16

Die gestalterische Sichtweise 18

Der ALDI-Test 20

2 Kreativität und gestalterisches Arbeiten 26

Was ist Kreativität? 28

Phasen der Kreativität 29

Gestaltung 30

Keine Angst vor dem weißen Blatt 31

3 Visuelle Grunderfahrungen 38

Die Schwerkraft oder der Zug nach unten 40

Optische Mitte 41

Waagerecht und senkrecht 42

Leserichtung 46

Symmetrie 48

Licht 50

Räumliches Sehen 54

Ergänzen und Reduzieren 56

Figur-Grund-Kontrast 58

Optische Täuschung 59

4 Bildaufbau 62

Visuelle Merkmale 64

Maus oder Elefant, Busch oder Wolke? 66

Gestaltwahrnehmung 68

Goldener Schnitt 70

Dreierregel 71

Komposition 72

Punkt, Linie und Fläche 76

Analyse 82

5 Bilder, Zeichen und Symbole 88

Wie stellt das Zeichen etwas dar? 90

Was stellt das Zeichen dar? 91

Warum Zeichen 91

Abstraktionsniveau 93

6 Kommunikation und Wahrnehmung 98

Sprachliche Kommunikation 100

Visuelles Denken und Kommunizieren 100

Kommunikation und ihre Wirkung 101

Sender-Empfänger-Modell 102

Kommunikationsnebel 102

Bildkommunikation 103

Das Schema der Bildwahrnehmung 104

Kick oder Klick? 105

Assoziationen 106

Bildgedächtnis 106

Grundsätze 107

Die Informationsarchitektur von Medien 108

Gliederung von Information – Latch 111

Medienunabhängige Architektur 112

Die zwei Hälften unseres Gehirns 114

7 Interaktivität in den Medien 118

Interaktivität – was ist das? 120

Das Internet 120

Web 2.0 – ein neues Internet? 121

Geld im Web 2.0 122

Mediengestaltung interaktiv 122

Content und Community 123

Nichts geht ohne Struktur 124

Die Zielgruppe im Internet 124

Der Aufbau einer Webseite 125

Schöner lesen 126

2. Teil Praktisches Gestalten

8 Konzeption 130

Grundlagen der Konzeption 132
Der Sender = Wer? 132
Die Botschaft = Was? 133
Die Zielgruppe = Für wen? 134
Die Konzeptidee = Wie? 135
Werbemittel = Womit? 136
Medien = Wo? 136
Das Timing = Wann? 137
Was ist eine gute Konzeptidee? 137
Das Image 138
Der Nutzen 138
Beispielkonzeption 140
Marke und Corporate Identity 144

9 Ideen finden 148

Ideen 150
Ideen finden - woher nehmen ... und nicht stehlen? 151
Kreativitätstechniken 153
Brainstorming 154
Vernetztes Denken (Mind Mapping) 155

10 Visualisierung 158

Ein Bild sagt mehr als 1000 Worte 160
Finden, Formen und Fragen 161
Alles eine Frage des Formats 164
Hoch oder quer? 164
Die Komposition von Flächen 167
Grundlegendes zum Thema Farbe 170
Farbwahrnehmung 172
Farbtypen 172
Subtraktive und Additive Farbmischung 173
Das Küpper'sche Farbmodell 174
Von giftgrün bis kuschelgelb 175
Farbkontraste 176
Mit Farben gestalten 178

Digitale Bildbearbeitung 179

Über Schrift & Typografie 180

Weg vom Lesen ... hin zum Gestalten 181

Grundsätzliches zur Schrift 184

Was Sie noch unbedingt wissen sollten 185

Schriftmaß 186

Klassische Verbote 186

Hervorhebungen 188

Ein paar Sätze zum Satz 189

Bildschirmtypografie 190

Lesen am Monitor 191

An-Ordnung ist das halbe Leben 192

Satzspiegel 193

Gestaltungsraster 195

Ein Wort zum Text 198

11 Bewerten von Gestaltung 202

Argumente sprechen lassen! 204

Was ist der Blickfang? 204

Was ist das Versprechen? 205

Was gibt es Neues zu sehen oder zu lesen? 205

Sieht Sie klasse aus? 205

Ist das Ganze in sich stimmig? 205

Pretest 206

12 Richtig Präsentieren 208

Die Präsentation ist ... die Krönung 210

Vorbereiten 211

Start 211

Wittern Sie die Signale! 212

Checklisten 220

Paragrafen 228

Lexikon 230

Literatur 248

Index 252

ANFORDERUNGEN

Wer sich ein neues Handy kaufen oder den Telefonanbieter wechseln möchte, stellt schnell fest: Produkte und Dienstleistungen unterscheiden sich kaum noch voneinander. Entscheidend ist, wie Firmen auf sie aufmerksam machen.

Bei der Kommunikation kommt der Gestaltung der Medien die entscheidende Bedeutung zu. Gelingt es einer Anzeige, den Blick des Lesers auf sich zu ziehen, wird der schnelle Surfer das Pop-up an- oder wegklicken? Wenn sie Aufmerksamkeit gewinnt, wird die Mediengestaltung zum **elementaren Erfolgskriterium**. Nicht selten stellt sie den eigentlichen Zusatznutzen eines angebotenen Produkts oder einer Dienstleistung dar. In einem Umfeld ständig präsenter Konkurrenzangebote transportiert sie die Botschaft: Das ist das beste Angebot. Denn ein schlecht gemachtes oder langweiliges kann jederzeit von einer besseren Alternative übertrumpft werden – und die gibt es überall. In der Mediengesellschaft gilt Darwins „survival of the fittest". So definieren wir als erste und wichtigste Überlebensregel im Mediendschungel:

§ 1 Wer langweilt, wird mit Nichtbeachtung und Desinteresse bestraft. Wer begeistert, bekommt Aufmerksamkeit.

Wer überzeugen will, muss Folgendes beachten:

▸ Der **erste Eindruck** entscheidet.
„Look and feel" entscheiden, ob Produkt oder Dienstleistung interessieren oder nicht.

▸ **Dranbleiben**
Die einmal geweckte Aufmerksamkeit muss belohnt und die Neugier am Leben erhalten werden; das heisst: keine Eintagsfliegen gestalten. Durch die gesamte (Gestalt-)Arbeit muss sich ein roter Faden ziehen, der auch zu sehen ist!

▸ Der **Geduldsfaden** ist kurz.
Die Wahrnehmungszyklen haben sich verkürzt, unsere Geduld im Umgang mit den Medien ist sehr gering.
Eine Internetseite, die sich lang und länger aufbaut, wird schnell weggeklickt und eine Zeitschrift, die nicht fesselt - etwa durch den Rhythmus von Bild und Text - wird weggelegt.

Ob Graphiker, Web-Designer oder Journalist, für alle gilt: Sie müssen andere von ihrer Sache überzeugen - auch mit Gestaltung. Und die fängt beim Sehen an.

Abb. 001

Gestalterische Grundlagen

Iteri-

1. Teil

Abb. 002

Neu sehen lernen

1

lernen

NEU SEHEN LERNEN

Alles beginnt mit dem richtigen Blick

In Kapitel 1:
- Was bedeutet neu sehen lernen?
- Warum ist es die Basis für jede Gestaltung?

Die erste und elementare Grundvoraussetzung für jede Gestaltung ist das **neue Sehen**. Wir wollen es hier die gestalterische Sichtweise nennen. Diese spezifische Sicht auf die Dinge nimmt die Umwelt anders wahr und ist mehr als das normale und erkennende Sehen, das die Dinge nur identifiziert.

Ein an Gestaltung geschultes Auge erkennt zusätzlich ästhetische Momente und Dimensionen, aber vor allem ist es fähig, die Bildhaftigkeit und den Bildaufbau des Gesehenen genau zu analysieren. Glücklicherweise gilt: Zu sehen, was wirklich alles zu sehen ist, zu erkennen, dass mehr zu sehen ist, als der bloße Augenschein vermuten lässt, das kann man lernen.

Analysieren wir aber zuerst einmal, wie das übliche Sehen funktioniert: Unser „normales Sehen" ist ein Wahrnehmungsprozess, der auf beschleunigtes Erkennen getrimmt ist. Wir wollen (schnell) wissen, was sich vor uns befindet, wir sehen, vergleichen das Gesehene mit unserem im Gehirn befindlichen Speicher, stellen Übereinstimmungen fest, entscheiden: Was ist das? Kenne ich das? Interessiert mich das? Wir erkennen und sind fertig. Das Ganze läuft in Sekundenbruchteilen ab.

Neu sehen bedeutet, diesen Prozess zu **entschleunigen**, langsamer und gewissenhafter zu sehen: mehr sehen und nicht so schnell werten! Versuchen, erst einmal gar nicht zu werten!

Das Sehen, d.h. einen elementaren Bestandteil unserer Wahrnehmung zu verändern, ist ein mühsamer Prozess. Das braucht **Zeit** und fällt vielen Menschen nicht leicht. Sie haben Schwierigkeiten, Gewohnheiten zu verändern und sich Dingen länger zu widmen, die auf den ersten Blick uninteressant oder langweilig erscheinen. Aber es lohnt sich wirklich. Und wer das gelernt hat, wird von selbst zum besseren Gestalter. Wichtig dabei ist: Man muss das neue Sehen praktisch üben und sich **voll und ganz** darauf einlassen.

Unser Auge ist in der Lage, bestimmte Reize stärker ans Gehirn weiterzuleiten als andere, um so in bestimmten Situationen schnell reagieren zu können. Das Gehirn gewichtet und unterscheidet unwichtige Informationen von wichtigen. Dieser so genannte **Tunnelblick** ist bei der Reizüberflutung des täglichen Lebens sehr nützlich. So hilft er uns zum Beispiel, in einem von Produkten überfüllten Supermarkt genau das Richtige aus dem Regal herauszufischen, ohne uns permanent von anderen Reizen ablenken zu lassen.

Doch dieser Tunnelblick ist das genaue Gegenteil der **gestalterischen Sichtweise**. Dabei müssen wir zuerst lernen, die Dinge nicht mehr zu werten. Denn für die gestalterische Sichtweise ist die Welt zuallererst ein flächiges Erscheinen von Dingen – gleich gewichtet, ohne Vordergrund und Hintergrund und ohne tieferen Sinn.

Neu sehen lernen heißt auch, richtig **zweidimensional** zu sehen. Das bedeutet, in der zweidimensionalen Fläche die dritte Dimension mit zu sehen. Um diesen Blick zu schulen, ist Zeichnen eine gute Hilfe. Dabei geht es um ein permanentes Training unseres Blickes und nicht darum, überragende Kunstwerke zu produzieren. Wer sich eine Weile mit einem Objekt auseinandergesetzt hat, sieht anders, sieht neu. Nehmen Sie einen Bleistift und ein Blatt Papier und führen Sie die Übung 3 auf Seite 21 aus!

▸ Lernen Sie jetzt **neu sehen** und gehen Sie heraus aus dem Tunnel!
Viele Gestaltregeln sind entbehrlich, wenn ein angehender Gestalter richtig sehen gelernt hat. Es ist in jedem Falle sinnvoll, sich damit zu beschäftigen. Sicher kennen Sie die Situation, dass eine Gestaltung durch minimale Veränderung (dies ein wenig nach hier und das ein wenig größer) plötzlich deutlich attraktiver aussieht. Wer das neue Sehen aktiv trainiert, wird mit Sicherheit wie von selbst besser komponieren und gestalten.

Ein 50 Meter entferntes Objekt sehen wir zum Beispiel wesentlich kleiner, als wenn sich das gleiche Objekt direkt vor uns befindet. Viele Schwierigkeiten und Fehler, etwa beim Zeichnen, rühren daher, dass wir die Objekte zwar ver-

3-D-Gestaltung
Auch die Gestaltung mit 3-D-Programmen ist letztendlich zweidimensional, da der Betrachter das Endprodukt auf dem flachen Monitor oder Ausdruck ansieht und häufig feststellt: Das 3-D-Objekt sieht hervorragend aus. Die Fläche, die es umgibt, ist jedoch nur unzureichend in die Gestaltung mit einbezogen worden. Das bedeutet: Auch und gerade hier sollten die Umgebung, der Hintergrund aktiv mitgestaltet werden.

schieden groß sehen, aber sie trotzdem gleich groß abbilden. Denn unser objektives Wissen sagt uns, dass die Objekte ja „in Wirklichkeit" gleich groß sind. Ein geschultes Auge, das gestalterisch zu sehen gelernt hat, macht diesen Fehler nicht und kann differenziert wahrnehmen. Machen wir dazu jetzt einfach einmal einen kurzen Test.

Der ALDI-Test

Versuchen Sie aus dem Kopf, das ALDI-Logo zu zeichnen. Rufen Sie sich jetzt ins Gedächtnis, wie dieses markante Zeichen der Supermarktkette aussieht. Sie waren schon so oft dort, haben das Logo schon 1000-mal gesehen – aber wie steht es damit, dieses Logo wirklichkeitsgetreu aus dem Kopf zu zeichnen? Schwierig? (Sie kaufen nicht bei ALDI. Okay, dann nehmen Sie das Karstadt-Logo.) Manchmal verzweifelt man beim ALDI-Test. Der Grund ist ganz einfach: Sie haben dieses Logo zwar immer erkannt, aber noch nie seine Gestaltung analysiert und sich mit den Elementen dieses Zeichens auseinandergesetzt. Sie haben es noch nie **wirklich** gesehen. Hier den Blick zu schärfen und die einzelnen Elemente aktiv zu sehen und zu analysieren – die Farben, die geometrischen Formen, die zweidimensionale Betrachtung – dazu benötigen wir die **gestalterische Sichtweise**.

> **§ 2 Um Medien zu gestalten, müssen wir neu sehen lernen. Die gestalterische Sichtweise ist der Blick auf das Ganze. Wir lernen damit mehr und aktiver zu sehen. Das ist die entscheidende Basis für professionelle Gestaltung.**

Fassen wir zusammen: Gestalterische Arbeit lässt sich nur erlernen, wenn man intensiv im Sehen und Betrachten geschult wird. Diese gestalterische Sichtweise ist die Basis für jede weitere Gestaltung. Sie ist erlernbar und mitnichten eine Gabe des Himmels, die nur wenigen Talentierten zur Verfügung steht. Diese Auseinandersetzung mit dem eigenen Sehen erfordert allerdings ein hohes Maß an Selbstdisziplin, Geduld und **Durchhaltevermögen**. Und der Wille, sich auf diese Sichtweise einzulassen, sollte wirklich vorhanden sein. Um

---

Der Mensch neigt dazu, diejenigen Dinge größer wahrzunehmen, die ihn gerade interessieren. So sieht ein Tennisspieler den Tennisball viel größer als er tatsächlich ist. Das Gleiche gilt für die Sonne. Wie ist das zu erklären?

Beweisen Sie Augenmaß:

Abb. 003 Große Sonne: So vermeinen wir sie zu sehen ...

Abb. 004 Kleine Sonne: ... und so groß bzw. klein ist sie wirklich.

die Dinge mit den Augen eines Gestalters zu sehen, muss man die klassische „normale" Sichtweise über Bord werfen. Denn zu sehen, was wirklich zu sehen ist, ohne sofort zu identifizieren oder zu werten, öffnet den Zugang zur eigenen Gestaltfähigkeit. Also: Mehr gucken, länger und genauer hinschauen und das „Gesehene" später beschreiben können. Am besten fangen Sie gleich damit an. Nur so werden Sie wirklich zum Gestalter!

Übungen „Neu Sehen"

1. Entdecken Sie die **Negativräume** einer Abbildung als wichtige Flächen der Gesamtgestaltung. Versuchen Sie die Figuren (Abb. 005, 006) flächig zu sehen und sie nicht mehr zu erkennen. Auf den Kopf gedreht ist es einfacher!

2. Betrachten Sie die Fotos auf den folgenden Seiten (22, 23) einmal genauer. Hier sind Dinge zu sehen, die Sie vielleicht normalerweise gar nicht oder kaum mit Interesse anschauen. Häufig entdeckt man so seine Umwelt neu und erweitert das Bewusstsein. Das gilt für positive wie negative Eindrücke gleichermaßen. Entwickeln Sie ein **aktives** und permanentes Interesse an Ihrer Umgebung.

3. Betrachten Sie einen Tisch (S. 24) ihrer Umgebung und zeichnen ihn ab. Wichtig ist es, von einem realen Objekt abzuzeichnen und nicht von einem Foto. Zeichnen Sie ganz einfach nur Linien und schätzen die Größenverhältnisse ab. Wie hoch ist die Tischfläche aus diesem Blickwinkel wirklich? Genauso hoch wie das Tischbein lang ist? Ein Viertel davon? – Aha! Und warum ist es auf Ihrer Zeichnung nicht so? So kommen Sie voran! Wer diese Elementarübung gemeistert hat, wird beginnen die Dinge anders zu sehen. Ob Kinoleinwände, Webseiten oder Plakate – 99 % aller Gestaltungen sind flächig!
Lernen Sie **flächig** zu sehen. Ganz nebenbei lernen Sie so auch zu zeichnen ...

4. Betrachten Sie die beiden Gemälde (Abb. 010, 011) von Elizabeth Johns auf Seite 25. Lassen Sie sich bewusst lange Zeit. Welches gefällt Ihnen besser? Wenn Sie sich richtig quälen wollen, o.k., sagen Sie noch warum. ■

Abb. 005

Abb. 006

Abb. 007

24

Abb. 008

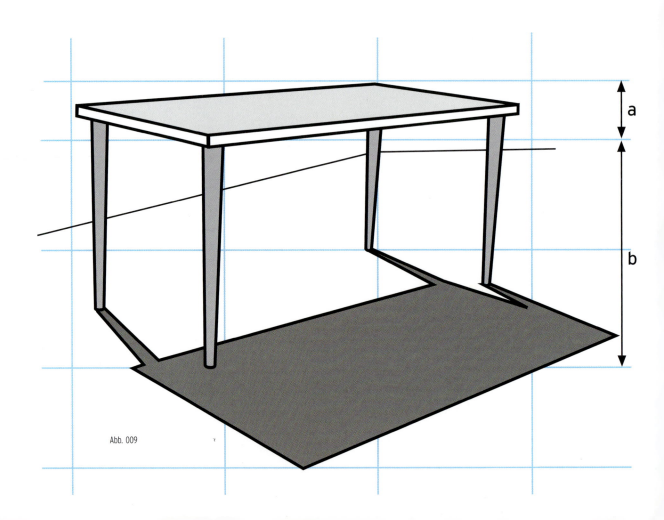
Abb. 009

Abb. 010

Abb. 011

2 Kreativität und gestalterisches Arbeiten

KREATIVITÄT UND GESTALTUNG

Wer als Mediengestalter arbeitet, ist immer irgendwie kreativ. Doch was ist eigentlich Kreativität? Kann man das so genau sagen?

In Kapitel 2:
- ▸ Was ist Kreativität?
- ▸ Kann man sie erlernen?
- ▸ Wie wird gestalterische Arbeit kreativ?

Was ist Kreativität?

Eines ist sicher, Kreativität hat etwas mit schöpferischem Denken und Handeln zu tun. Es entsteht etwas Neues, etwas, was in dieser Form noch nicht vorhanden war. Dabei kann es durchaus sein, dass etwas bereits Bestehendes verbessert oder verändert wird. Kreativität muss also nicht völlig aus dem Nichts schöpfen. Und ganz wichtig: Dazu gehört auch, dass die Idee anschließend ausgeführt wird. Ein Geistesblitz allein genügt nicht.

Es gibt sogar so etwas wie die Kreativitätsforschung, sie entstand Ende des 19. Jahrhunderts im Zusammenhang mit der Erforschung der Intelligenz, denn beides ist miteinander verknüpft. Inzwischen ist klar, dass Kreativität in verschiedenen Schritten abläuft und auch harte Arbeit damit verbunden ist. Zu lokalisieren ist sie im Gehirn allerdings nicht, es gibt keinen bestimmten Ort dafür. Bei kreativen Menschen sind die Areale des Gehirns jedoch stärker gekoppelt als zum Beispiel bei hochintelligenten. Das erleichtert das beim Ideenfinden so wichtige **Assoziieren**. Und: Das Gehirn Kreativer ist insgesamt weniger aktiv. Sei's drum, zur Kreativität gehört auch die schöpferische Pause. Man kann sie also als gelungene Balance zwischen aktivem Gestalten und passivem Geschehenlassen bezeichnen.

Auch die behauptete oder tatsächliche Nonkonformität Kreativer findet ihren Niederschlag in der Forschung. Denn gerade Kreative müssen manchmal gegen Normen verstoßen oder sie gar brechen, um etwas Neues entstehen zu lassen. Damit verletzen sie den gesellschaftlichen Konsens. Im schlimmsten Fall werden sie sogar ausgegrenzt und für eigenartig, wenn nicht verrückt erklärt, wie es erst später als genial erkannten Erfindern wie Leonardo da Vinci (1452 - 1519), James Watt (1736 - 1819) oder Alexander Graham Bell (1847 - 1922) ergangen ist. Nicht umsonst ist der Begriff des Querdenkens im Zusammenhang mit Kreativität in die Fachsprache der Psychologie eingegangen. Auch das ist klar: Kreativität ist keine Eigenschaft, die man hat oder nicht. Es gibt kein Kreativitätsgen. Man kann sie **erlernen**, der eine mehr, der andere weniger. Mit anderen Worten, die Idee ist kreativ, der Rest ist Handwerk und harte Arbeit.

Phasen der Kreativität

Den kreativen Prozess kann man in fünf Phasen unterteilen, wobei die erste Phase häufig die entscheidende ist. Da die meisten Ideen Vorhandenes verändern oder kombinieren und so Neues schaffen, ist es wichtig, sich einfach gut auszukennen in seinem Spezialgebiet. Deswegen heißt es in dieser Vorbereitungsphase, sich umhören, lernen, schauen, was es schon gibt, um nicht bereits Bekanntes als neu zu verkaufen.

Die beste ist die zweite Phase. Denn hier muss man gar nichts tun – außer abwarten. In der kreativen Pause verarbeitet nämlich unser Gehirn die vorher gesammelten Informationen auf einer unbewussten, uns nicht zugängliche Ebene weiter. Es ist inzwischen sogar wissenschaftlich erwiesen, dass das Gehirn oft im Schlaf eine Lösung findet.

Und irgendwann ist er dann da der - **Geistesblitz.** Eine Idee ist in der Ruhephase herangereift und gefällt. Übrigens hat die Hirnforschung noch keine Erklärung für diesen plötzlichen kreativen Schub, vor allem nicht dafür, dass man davon überzeugt ist, dass es die richtige Idee ist. Hier kommt das Bauchgefühl, auf das sich Kreative häufig berufen, ins Spiel. Es ist einfach die Intuition und die ist wissenschaftlich nicht fassbar.

Noch ist aber der kreative Prozess nicht abgeschlossen. In Phase vier geht es darum, den Geistesblitz eingehend zu prüfen. Taugt der Einfall etwas, ist er wirklich neu, kann er das transportieren, was ich mit meiner Kommunikation beabsichtige, trifft er meine Zielgruppe? Das sind nur einige der Fragen, die nun geklärt werden müssen. Und dann geht es in Phase fünf an die Arbeit. Die Idee wird ausgeführt und das ist dann vor allem Handwerk.

Dabei gilt: Die geistige konzeptionelle Arbeit ist genauso wichtig wie die professionelle handwerkliche Umsetzung, das Tun. **Denken und Tun sind gleichwertig.** Insofern heißt kreatives Arbeiten hierarchiefreies Arbeiten. Es gibt kein „oben" und „unten". In jedem Falle ist erst einmal Quantität zu produzieren. Auf einer Basis etwas weiterzuentwickeln und zu verbessern ist wesentlich leichter, als immer wieder ganz von vorn anzufangen. Wer sofort auf den genau richtigen und überzeugenden Einfall kommt, ist ein Genie. Alle anderen sollten lieber kontinuierlich arbeiten.

Erst Ideen produzieren, dann kritisch würdigen und verwerfen, verändern. Nie sofort zu kritisch sein. **Qualität entsteht aus Quantität.**

> § 3 Kreatives Arbeiten und Gestalten ist erlernbar. Dafür gibt es zwei Grundbedingungen: Erstens muss man sich wirklich darauf einlassen und zweitens muss man üben, üben, üben ...

Gestaltung

Diesem kreativen Prozess begegnen wir auch bei der Gestaltung, indem wir nämlich Fragen stellen und bewusst beantworten. Dabei ist das Ziel jeder Gestaltungsarbeit, eine spezifische Ordnung und Anordnung einzelner Elemente so herzustellen, dass die gewünschte optimale Kommunikationswirkung entsteht: Gestaltung soll kommunizieren und **wirken**.

Dabei werden die einzelnen Elemente wie Texte, Fotos, Illustrationen, Bilder, Grafiken, Hintergründe usw. bewusst gestalterisch angeordnet und zu einem Ganzen komponiert. Um das zu erreichen, müssen viele Entscheidungen getroffen werden: Welche Elemente sollen wo und wie angeordnet werden? Welche Elemente werden reduziert, welche verlieren an Bedeutung, welche gewinnen daran? Sollen neue Elemente hinzukommen oder sollen Gestaltungselemente ganz neu erfunden werden ...?

Keine Angst vor dem weißen Blatt

Jenseits aller Theorie - gestalterische Kreativität lässt sich trainieren. Voraussetzung dafür ist es, die Art unserer Wahrnehmung sowie unseren visuell-sinnlichen Umgang mit der Umwelt neu zu definieren. Das heißt, wir müssen

▸ bildhaft und anschaulich denken,

▸ unsere Beobachtungsgabe steigern,

▸ uns eine differenziertere bildhafte Vorstellungswelt erarbeiten,

▸ unser Form- und Farbempfinden schulen und

▸ unsere räumliche Vorstellungskraft (weiter-) entwickeln.

Wenn wir unsere Wahrnehmung in diesem Sinne bewusst schulen, entdecken und fördern wir unsere eigene Kreativität in einem umfassenden Sinne: Wir gewinnen dabei nicht nur für eine professionelle Gestaltung, sondern bereichern auch unser Erkennen und unsere Wahrnehmung insgesamt. Zu dem bewussten Sehen fangen wir gleich mit einer Übung an. Sie werden dabei sehen, dass Gestalten heißt, bewusst zu sehen und aktiv zu ordnen. Also legen Sie los! Was Sie dabei auch gleich üben können: die Angst vor dem weißen Blatt zu verlieren. Machen ist nämlich immer besser als nichts machen.

Idee

Vorstellungskraft

Assoziieren

Machen

Übung „Kreistest - Kreativitätstest"

Mit dieser praktischen Übung bringen Sie Ihre Vorstellungskraft in Schwung. Los geht's.

Sie sehen rechts ein Blatt voller Kreise - bitte kopieren Sie sich diese Seite. Die Aufgabe heißt: Verwandeln Sie die Kreise in echte Gegenstände. Beispielsweise machen Sie aus einem Kreis eine Uhr, eine Billardkugel, einen Ventilator ...
Sie werden entdecken, dass nach ungefähr 2/3 aller Kreise Ihre Phantasie „im Kreis dreht", sprich: Es fällt Ihnen nichts Neues mehr ein!
Versuchen Sie dennoch, die Übung zu Ende zu bringen. Setzen Sie sich dabei ein Zeitlimit, zum Beispiel 10 Minuten.

In einem zweiten Durchgang sollten Sie jetzt versuchen, die Kreise mit wirklich originellem Inhalt zu füllen. Statt Uhren und Bällen sehen Sie nun plötzlich eine Bratpfanne mit drei Spiegeleiern! Weiter so! ■

Abb. 012

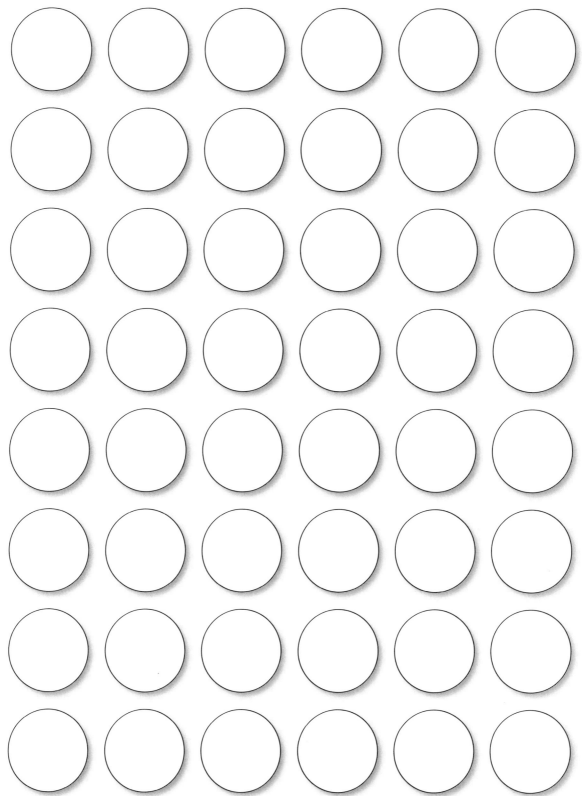

Abb. 013

2. KREATIVITÄT UND GESTALTERISCHES ARBEITEN

Übung „Ergänzen und Assoziieren"

Auf dieser Seite sehen Sie einige Zeichnungen. Hier geht es nun darum, dass Sie Ihre **Vorstellungskraft** aktivieren und durch Hinzufügen einiger Linien aus den Zeichnungen konkrete, erkennbare Objekte machen. Es ist erlaubt, die Grafiken um 90 oder 180 Grad zu drehen. Am besten Sie fotokopieren die Seiten. Die Figur soll im Format genau an der definierten Stelle bleiben. Fügen Sie zusätzliche Linien und Flächen hinzu, so dass das Objekt für Sie einen Sinn ergibt, man es erkennen kann.

Diese Übung ist sehr nützlich, um Phantasie und Vorstellungskraft in Gang zu bringen. Versuchen Sie auch hier möglichst zu Lösungen zu kommen, die zum Beispiel Ihrem Nachbarn nicht eingefallen wären.

Konkret: Bei der ersten Zeichnung fällt 99 % der Betrachter ein Tunnel ein. Ok. Was könnte man hier noch sehen? Ist das vielleicht ein Elefant von hinten oder ein Kernkraftwerk? Was gibt er her, Ihr Bildspeicher?

Am Anfang dauert es eine Weile, aber in der Regel fällt dies Assoziieren nach und nach immer leichter.

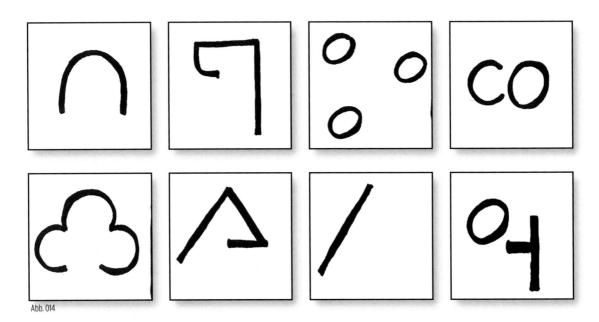

Abb. 014

Jetzt gehen Sie von einer klareren **Zielvorstellung** aus. Die zu erstellenden Bilder repräsentieren eine eindeutige Begrifflichkeit (zum Beispiel: „Ferien auf dem Bauernhof"). Sehen Sie mögliche Bilder zu diesem Thema in den Vorgaben und ergänzen Sie die Bilder. Durchsuchen Sie jetzt Ihren Bildspeicher im Hirn nach Entsprechungen. ■

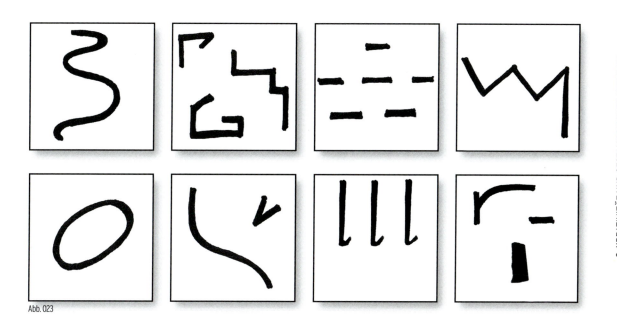

Abb. 023

Übung „Spiegelungen"

Schauen Sie auf den folgenden beiden Seiten genau hin: Was sehen Sie? Erzählen Sie die Geschichte zu den vier Bildern. Auch hier suchen Sie nach Entsprechungen aus Ihrem ureigensten Erfahrungs- und Bildspeicher.

So kombinieren Sie das neue Sehen mit der kreativen Fähigkeit, sich etwas vorzustellen. Jeder Mensch hat eine ganz eigene **innere Bilderwelt**. Es geht uns hier darum, dass Sie sich dessen bewusst werden und in Zukunft zielgerichteter darauf zugreifen können. Also entspannen und draufschauen! ■

3
Visuelle
Grunderfahrungen

VISUELLE GRUNDERFAHRUNGEN

In Kapitel 3:
- ▸ Welche visuellen Grunderfahrungen machen wir?
- ▸ Wie können wir diese Erfahrungen an Beispielen nachvollziehen?
- ▸ Wie wirken sich diese Erfahrungen in der Praxis aus?

Ständig stürzen Reize auf das Auge ein, es sieht immer etwas. Eine Orientierung ist nötig, deshalb sortiert das Auge das Gesehene nach bestimmten Kriterien. Schon als kleines Kind macht der Mensch dabei wichtige visuelle Erfahrungen. Diese Grunderfahrungen beeinflussen seine elementare Wahrnehmung und **prägen** seine Sicht der Dinge das ganze Leben lang.

Die Schwerkraft oder der Zug nach unten

Alles auf dieser Welt strebt nach unten – Dinge und Menschen. Sie werden von der ständigen Zugkraft in Richtung Erdmittelpunkt beherrscht und müssen sich mit der Schwerkraft arrangieren, denn nichts und niemand verharrt in der Schwebe. So entsteht überhaupt erst unser grundlegendes Daseinsgefühl von oben und unten. Und „grundlegend" darf hier ruhig wörtlich genommen werden: Durch die starke Anziehung nach unten bekommen wir erst das Gefühl, festen Boden unter den Füßen zu haben.

Das Prinzip der Schwerkraft spielt auch bei der visuellen Wahrnehmung eine grundsätzliche Rolle: Aufwärtsbewegungen, die der Schwerkraft entgegenwirken, nehmen wir als anstrengend wahr, während wir Bewegungen nach unten als leicht empfinden, die sich wie von selbst ergeben.

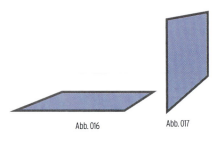

Abb. 016   Abb. 017

Die Beispiele verdeutlichen das:
Das auf der Seite stehende Rechteck-Feld empfinden wir als **instabil** (Abb. 017), das waagerecht liegende (Abb. 016) jedoch wirkt **ruhig** und stabil. Das linke Glas (Abb. 018) erscheint uns als voll, das rechte (Abb. 019) aber als leer. Unser Gefühl für die Schwerkraft vermittelt uns, dass sich die Flüssigkeit immer unten befindet und niemals oben.

Die Wirkung eines Gestaltobjekts in einer Fläche ist grundlegend unterschiedlich, je nachdem wo es sich im Format befindet (Abb. 020, 021).

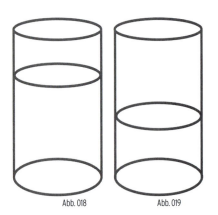

Abb. 018   Abb. 019

Existieren zwei Elemente in einer Komposition, so wirkt auch hier die visuelle Schwerkraft: Der Kreis im oberen Teil der Komposition (Abb. 022) besitzt ein größeres visuelles Gewicht als der unten, weil der oben befindliche Kreis offenbar die Schwerkraft überwunden hat. Soll ein harmonisches Gesamtbild entstehen, muss das untere Element etwas größer dargestellt werden (Abb. 23) . Wir nehmen genau dann beide Elemente als gleichwertig (gleich wichtig) wahr. Sind jedoch beide Elemente gleich groß (Abb. 022), so dominiert das obere Element eindeutig das untere, obwohl die Größen identisch sind. Der Zug nach unten gibt hier dem oberen Element zusätzliches visuelles Gewicht.

Optische Mitte

Aus der Erfahrung mit der Schwerkraft folgt eine andere wichtige Erkenntnis: Optische und geometrische Mitte sind **nicht identisch**. Vergleichen wir dazu die beiden Darstellungen des Buchstaben „H" (Abb. 024, 025).
Die rechte Abbildung erscheint richtiger und harmonisch ausgewogener als die linke. Woran liegt das?
Aufgrund unserer Grunderfahrung mit der Schwerkraft muss der Querstrich des „H" ein winziges Stück über der geometrischen Mitte liegen (Abb. 025). Dann empfinden wir den Buchstaben als optisch richtig und mittig. Die optische Mitte liegt ungefähr 3 % über der geometrischen Mitte.
Abbildungen 026, 027 rechts: Welcher Punkt ist in der Mitte? Oben sieht man die geometrische Mitte, unten ist der Punkt leicht darüber angeordnet.

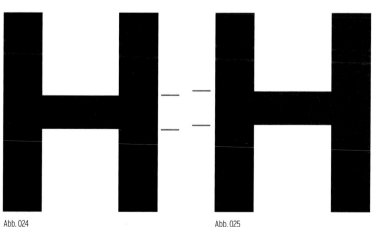

Abb. 024   Abb. 025

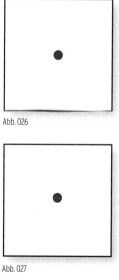

Abb. 020   Abb. 021

Abb. 022   Abb. 023

Abb. 026

Abb. 027

Waagerecht und senkrecht

Die menschliche Orientierung richtet sich grundsätzlich an der vertikalen und der horizontalen Achse aus. Unser gesamtes räumliches Wahrnehmen basiert auf der Senkrechten und Waagerechten. Die Senkrechte ist dabei für uns Ausdruck des Aufrechten, des im Lot Stehenden. So sagen wir ja manchmal auch: „Das ist senkrecht.", wenn etwas gut ist. Die Waagerechte hingegen verbinden wir mit Attributen wie Gleichgewicht, Ruhe und Ausgeglichenheit.

Abb. 028

Mithilfe dieser beiden Achsen und eines gedachten Gitternetzes, das sich aus vertikalen und horizontalen Linien ergibt, sind wir überhaupt erst in der Lage, uns räumlich zu orientieren: Waagerechte und Senkrechte bilden und konstituieren den **Raum**.

Obwohl auch senkrechte Linien in Fluchtpunkten zusammenlaufen können, tendieren wir dazu, alle senkrechten Linien als parallel wahrzunehmen – das erleichtert uns die Orientierung. Diese Grunderfahrung machen sich Architekturfotos zunutze. Bei Darstellungen von Gebäuden zum Beispiel werden sehr häufig die Achsen korrigiert (Abb. 028), um exakte parallele Linien zu bekommen. Im Vergleich zu Abb. 029 bleibt senkrecht so wirklich senkrecht für unsere Wahrnehmung. Eine ähnliche Erfahrung machen wir in Abb. 030. Die Linien verlaufen perspektivisch nach oben.

Abb. 029

Ein Gefühl von **Unruhe** vermittelt dagegen das Bild darunter (Abb. 031). Durch die nicht wie gewohnt waagerecht und senkrecht laufenden Achsen entsteht beim Betrachter eine Spannung.

Auch bei der **Deutung** von Objekten kommt es darauf an, ob wir sie waagerecht oder senkrecht sehen. Ein Pfeil von links nach rechts wird primär als Pfeil gesehen (Abb. 032). Drehen wir das gleiche Bild um 90 Grad, so sehen wir den Pfeil nicht als Pfeil, sondern eher als vegetative Form, zum Beispiel als Nadelbaum (Abb. 033).

Abb. 031

Übung „Ventilator"

Welchen Ventilator erkennen Sie? Das Beispiel der zwei Ventilatoren beweist recht anschaulich, dass unsere Wahrnehmung sich zunächst auf die Senkrechte und die Waagerechte konzentriert.

Sehen Sie links den „Schmalflügelventilator" (Abb. 034), der senkrecht steht? - Gut. Nun versuchen Sie links den „Großflügelventilator", der schräg steht, zu sehen. - Auch gut? Schwieriger?
Das ist Ihre Grundkonditionierung auf waagerecht und senkrecht!

Jetzt zur Abbildung rechts (Abb. 035): Sehen Sie den senkrechten Ventilator? Und jetzt den schrägstehenden? Welcher ist schwieriger zu erkennen?

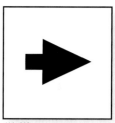

Abb. 032

Abb. 033

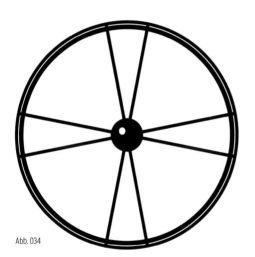

Abb. 034

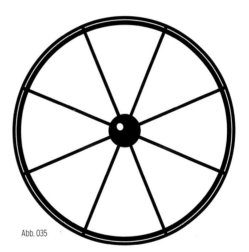

Abb. 035

Wir sind so auf „geordnete" Darstellungen konditioniert, dass wir diese eher als Muster (Ventilator) erkennen. So sehen wir zuerst auf dem linken Bild einen „schmalflügeligen" Ventilator vor relativ großem Leerraum. Rechts sind Negativraum und Ventilator gleich groß, trotzdem neigen wir dazu, zunächst den senkrecht stehenden Ventilator zu erkennen. Es erscheint schwieriger, den Ventilator als schräg und den Leerraum als gerade (waagerecht/senkrecht) zu identifizieren. ■

Und noch ein Beispiel für unsere starke Achsenkonditionierung:
Die Anordnung der Punkte im linken Bild (Abb. 036) erscheint uns spontan als verständlich und aufgeräumt. Auf der Abbildung unten (Abb. 037) spüren wir jedoch ein **Flimmern**, die Punkte bewegen sich, ja sie tanzen sogar. Woran liegt das? Links finden wir die Achsen unserer gewohnten Wahrnehmung sofort und können so die Punkte schnell anordnen. Rechts gelingt uns dies aufgrund der „fehlenden Achsen" nicht so einfach.

Und außerdem: Nahe beieinander liegende Punkte nehmen wir leicht als **Linie** wahr. In der Anordnung links erkennen wir rechtwinklige, gerade, in der Anordnung rechts schräge, im Winkel von 45 Grad verlaufende Linien.

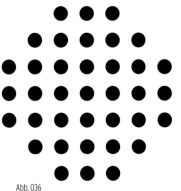

Abb. 036

Abb. 037

Abb. 038

Abb. 039

Übung „Aufräumen!"

Ein letztes, ganz einfaches Beispiel aus dem Alltag bringt unser Denken in Waagerecht- und Senkrecht-Achsen sehr schön auf den Punkt.

Schauen Sie auf Ihren Schreibtisch. Ist er aufgeräumt oder eher nicht? Und was, denken Sie, ist das Kriterium für das Aufgeräumt- bzw. das Unaufgeräumtsein?

Nehmen Sie nun eine gleiche Anzahl von Mappen, Stiften und Büchern. In der ersten „Versuchsanordnung" platzieren Sie die Gegenstände exakt senkrecht und waagerecht zum Tisch. Perfekt! Der Tisch erscheint aufgeräumt. Ändern Sie jetzt einfach diese strenge Achsenanordnung. Schon wirkt der Schreibtisch unordentlich.

Ordnung heißt also einfach „immer auf Achse sein". ■

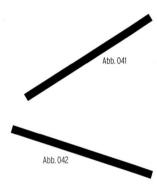
Abb. 040

Leserichtung

Wir lesen normalerweise von links nach rechts. Das ist in unserem Kulturkreis so definiert, wodurch auch unsere Wahrnehmung determiniert ist. Diese Grunderfahrung wird zu einem weiteren zentralen Basisprinzip in der Mediengestaltung. So empfinden wir eine Gerade, die von links unten nach rechts oben läuft, als positiv und aufsteigend. Verläuft die Gerade hingegen von links oben nach rechts unten, empfinden wir die ganze Darstellung als fallend (Abb. 041, 042). Das berühmte Logo der Deutschen Bank (Abb. 040) hat sich diese Tatsache zu eigen gemacht.

Auch komplexe Bildkompositionen unterliegen dem Prinzip der Leserichtung: Beim Betrachten von Giottos Bild „Joachim unter den Hirten" (Abb. 043) haben wir das Gefühl, der Heilige gehe auf die Hirten zu. Spiegeln wir dieses Bild, ändert Joachim nicht nur **visuell**, sondern auch **inhaltlich** seine Position: Jetzt kommen die Hirten auf den Heiligen zu (Abb. 044). Die Ursache dafür wissen wir jetzt: Die Bewegung von links nach rechts empfinden wir - weil sie in der gelernten Blick- und Leserichtung verläuft - als Vorwärtsbewegung, während sich bei der entgegengesetzten Anordnung die Dynamik des Bildes ändert. Viele Logos und Bildzeichen setzen diese Tatsache ganz bewusst als inhaltliche Botschaft für sich ein.

Abb. 041

Abb. 042

Übung „Blickrichtung"

Vergleichen Sie die beiden Fotos auf der rechten Seite miteinander. Fällt Ihnen ein Unterschied auf? Das obere ist gespiegelt und wird so völlig anders wahrgenommen. Das untere ist eindeutig die bessere Komposition ∎

Abb. 043

Abb. 044

Abb. 045

Abb. 046

Symmetrie

Erinnern Sie sich an die Grunderfahrung, die wir mit senkrecht und waagerecht gemacht haben? Hier kommt noch ein weiterer Aspekt hinzu. Bäume, Blumen, aber auch Gesichter sehen wir als symmetrische Formen, die gespiegelt werden können. Denn Symmetrie als prinzipielle Spiegelbarkeit an der horizontalen beziehungsweise vertikalen Achse kommuniziert für uns eine eindeutige Botschaft: Sie ist das Signal für Ausgewogenheit, Gleichgewicht und Stabilität.

In der visuellen Kommunikation nehmen wir es mit der Symmetrie nicht ganz so genau wie in den Naturwissenschaften. Als symmetrisch gilt ein Objekt auch dann, wenn es geometrisch (exakt) vielleicht nicht wirklich auf beiden Seiten ganz genau gleich aussieht.

Abb. 047

Fast alle Formen in der Natur sind mindestens in einer Richtung symmetrisch. Das Gleiche gilt auch für die von Menschenhand geschaffenen Produkte. Das hängt sicher mit der oben angedeuteten Botschaft zusammen: Eine symmetrische Form wirkt auf uns einfach **sympathischer** als eine asymmetrische (Abb. 047, 050).

Abb. 048

Ein weiterer Aspekt kommt hinzu: Symmetrische Formen können wir uns viel **leichter merken**. In der spontanen Wahrnehmung erkennen wir sie leichter und prägen sie besser ins Gedächtnis ein.

Diese Symmetrie lässt sich auch auf Kompositionen anwenden. (siehe Abb. 048, 049). Auch hier wirken symmetrisch angeordnete Objekte harmonischer und sind einprägsamer.

Abb. 049

Dabei gibt es übrigens einen sehr interessanten Unterschied zwischen senkrecht und waagerecht. Schauen Sie sich das Riesenrad und die Landschaft (Abb. 050 und 051) an. Sie werden feststellen, dass Sie das Rad besser im Gedächtnis behalten. Warum? Ganz offensichtlich prägen sich Objekte, die an der senkrechten Achse symmetrisch sind, besser ein als solche an der horizontalen. Dies hängt sicher damit zusammen, was wir bereits festgestellt haben: Die vertikale Achse verkörpert für uns grundlegende Stabilität und Standfestigkeit. Deswegen nehmen wir Dinge, die an dieser Achse ausgerichtet sind, als positiver wahr und können sie uns besser einprägen.

Abb. 050

Abb. 051

Licht

„Es werde Licht!" Das steht schon in der Bibel. Denn ohne Licht ist eine differenzierte Wahrnehmung nicht möglich. Und für das Licht selbst gilt: „Alles Gute kommt von oben" - und von links. Denn wir empfinden Licht immer als Phänomen, das von oben auf uns herabscheint und zwar meistens von links nach rechts.

Ein Besuch im Museum ist immer auch eine Schule des Sehens, besonders in der Abteilung der alten Meister. Wenn Sie genau hinschauen, werden Sie feststellen: Die Maler bevorzugen auf der überwältigenden Mehrheit der Bilder eindeutig den Lichteinfall von **links oben**. Das können Sie auch bei dem Meister auf Seite 53 feststellen (Abb. 058).

Hier können wir an eine schon kennengelernte Grunderfahrung anknüpfen. Auf den Bildern scheint - im wahrsten Sinne des Wortes - unsere Links-rechts-Lesekultur durch. Das Licht aus dieser Richtung wirkt auf uns sympathisch und natürlich richtig.

Sehen wir uns dazu weitere Licht-Beispiele an:
Die beiden flachen Zylinder (Abb. 053, 054) werden durch den unterschiedlichen Lichteinfall verschieden wahrgenommen: Die linke Form wird als dunkles Loch erkannt, die rechte als erhabene Anhöhe.

Das Gleiche geschieht mit den Konturen des Buchstabens in Abb. 052 und 055: Während die eine (Abb. 052) sehr leicht als Buchstabe „L" erkannt wird, gibt uns die andere Darstellung (Abb. 055) Rätsel auf. Erst nach längerem Hinsehen und Deuten erkennen wir ebenfalls den Buchstaben „L".

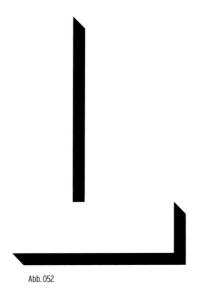

Abb. 052

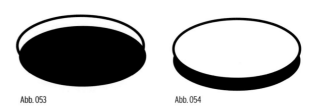

Abb. 053 Abb. 054

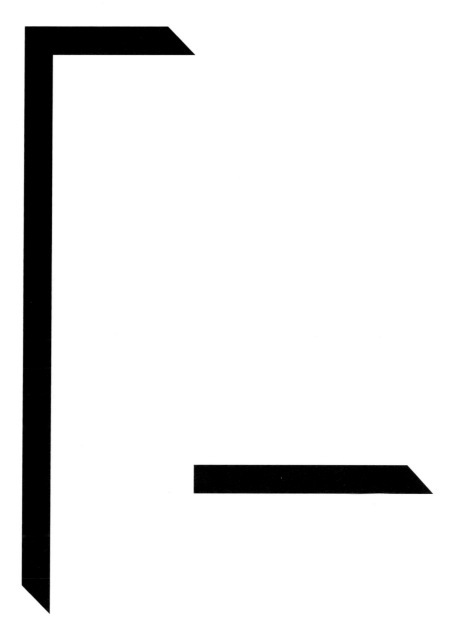

Abb. 055 Der Buchstabe ist schwieriger zu erkennen als in Abb. 052.

Übung „Theaterbesuch"

Gehen Sie mal wieder ins Theater. Achten Sie dabei auf die unterschiedlichen Lichtwirkungen. Wie wird hier mit dem Licht gespielt? Sie werden feststellen: Der Lichteinfall wird nie dem Zufall überlassen, sondern gesteuert. Er entscheidet sehr stark darüber, wie eine Person auf der Bühne wirkt. So erscheint zum Beispiel ein Schauspieler, der von unten mit Licht angestrahlt wird, als unsympathisch, ja manchmal gar als dämonisch. ■

Abb. 056

Abb. 057

Abb. 058 Altmeisterlich: Das Licht kommt von links oben.

3. VISUELLE GRUNDERFAHRUNGEN

Räumliches Sehen

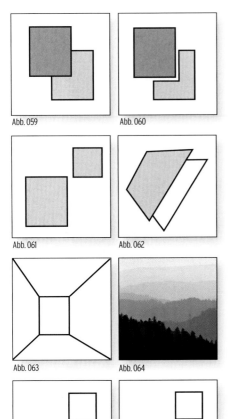

Abb. 059
Abb. 060
Abb. 061
Abb. 062
Abb. 063
Abb. 064
Abb. 065
Abb. 066

Wir leben im Raum und nehmen uns als Raumwesen wahr. Deshalb tendieren wir dazu, Formen als Formen im Raum zu sehen. Immer versuchen wir, einen räumlichen Zusammenhang zwischen einzelnen Formen herzustellen. Dieses Urprinzip hat sehr große Auswirkungen auf die Gestaltung von Medien.

Unsere Umwelt ist dreidimensional. Wir sehen immer **räumlich**. Auch bei Kinofilmen, Internetseiten oder Plakaten, die eigentlich flach sind, stellen Betrachter räumliche Bezüge her.

Raumerfahrungen entstehen auf die unterschiedlichsten Arten. So ordnen wir Objekte immer danach ein, ob sie im Vordergrund oder Hintergrund stehen: Im ersten Bild (Abb. 059) links liegt das zweite Quadrat hinter dem ersten. Sich das zweite Quadrat dagegen als freie eigenständige Form vorzustellen (Abb. 060), z.B. als Ecke, ist ungewohnt und macht uns viel Mühe. Das zweite Beispiel (Abb. 061) interpretieren wir ebenfalls sofort als räumliches Erlebnis und gehen davon aus, dass sich das zweite Quadrat – weil es etwas kleiner und weiter oben ist – weiter hinten befinden muss. Im nächsten gezeigten Beispiel (Abb. 062) gehen wir, obwohl wir keine rechtwinkligen Quadrate sehen, aufgrund der perspektivischen Schräge sofort davon aus, dass es sich um zwei schräg im Raum stehende, hintereinander angeordnete rechteckige Formen handelt.

Unser **Sehen** ist also immer **räumlich**. Der Raum wird dadurch definiert, dass sich die Formen überschneiden oder durch schräge Linien die perspektivische Fluchten suggerieren (Abb. 063). Wir versuchen permanent räumliche Bezüge herzustellen, auch wenn wir auf zweidimensionale Objekte blicken. So lassen sich ganz bewusst Raumeffekte erzielen:

▸ Räumlichkeit durch Größenunterschiede
Wir stellen zwei identische Formen dar: Wird eine davon kleiner als die andere gezeigt, wird sie als die räumlich hinten liegende Form wahrgenommen.

▸ Räumlichkeit durch Oben-unten-Anordnung
Befindet sich von zwei identischen Formen eine oberhalb der anderen, entsteht die Oben-unten-Raumwirkung.

▸ Räumlichkeit durch Hell-dunkel-Kontraste (oder Farbe)

Bekommen zwei identische Formen unterschiedliche Farb- oder Graustufen, entsteht Räumlichkeit: die Vorne-hinten-Wirkung (Abb. 065, 066). Die dunklere Fläche wird als die identifiziert, die sich weiter vorne befindet. Abb. 065 hat mehr Tiefe als Abb. 066. Und bei Farbflächen wirkt die so genannte Farb-Luft-Perspektive: Dunkle und rötliche Flächen empfinden wir als besonders nah, leicht bläuliche und grünliche als weiter entfernt. Denken Sie dabei auch ans Gebirge: Die weiter hinten liegenden Berge erscheinen immer als heller und bläulicher (Abb. 064).

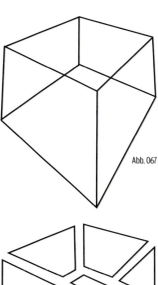
Abb. 067

> **§ 4 In unserer Wahrnehmung erscheint auch zweidimensionale Gestaltung als dreidimensionales Erlebnis. Ständig versuchen wir, räumliche Bezüge herzustellen.**

Übung „Raumwahrnehmung"

Betrachten Sie die beiden Würfel (Abb. 067, 068). Können Sie sich den ersten (Abb. 067) flach vorstellen? Schauen Sie das Bild unten (Abb. 069) an. Wie groß sind die Köpfe der drei Studenten? Vergegenwärtigen Sie sich, dass der Kopf des vorderen mehr als doppelt so hoch ist wie der der mittleren Studentin. Dieser ist immerhin noch 1,5 mal so groß wie der der hinteren Studentin. Dabei sind sie jeweils weniger als 50 cm voneinander entfernt. ■

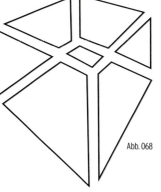
Abb. 068

Abb. 069

Ergänzen und Reduzieren

Wenn wir sehen, denken wir mit. Und in der Regel denken wir gerne weiter als wir sehen: Wir „sehen" viel **mehr**, als tatsächlich abgebildet ist. Denn unser Kopf addiert das Gesehene und komplettiert fehlende Teile. Ein Foto eines Berges im Anschnitt (Abb. 072) oder ein Auge eines Elefanten und der Ansatz seines Rüssels (Abb. 071) – wir sehen zwar nur einen Teil, aber wir erkennen und denken immer das Ganze. Dafür genügen uns wenige Merkmale einer Gesamtform. Denn unbewusst läuft in unserem Gehirn ein permanentes Ergänzungsprogramm ab.

Diese Tatsache sollten wir bei der Mediengestaltung ganz bewusst nutzen – wir können mit Details und Bildern ganze Geschichten erzählen und den Betrachter **aktiv** in unsere Gestaltung einbeziehen.

So ist die Konzentration auf das Wesentliche, die bewusste Reduktion, ein Königsweg beim kreativen Arbeiten in der Gestaltung. Einige wenige Basiselemente müssen gezeigt werden – und der Kopf des Betrachters ergänzt die Situation ganz automatisch: So entsteht Kino im Kopf.

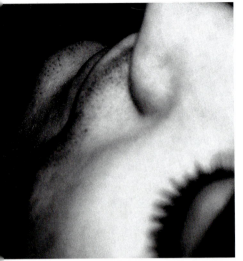
Abb. 070

Ein weiteres gutes Beispiel ist das Schwarz-Weiß-Foto in Abb. 070. Durch den Anschnitt ist das Gesicht nicht sofort zu erkennen. Außerdem wurde eine ungewöhnliche Perspektive gewählt. So wird das Bild durch die Ergänzung im Kopf des Betrachters erst wirklich interessant, nachdem die normale (im Bildspeicher tausendfach abgelegte) Symbolik für „Kopf", nämlich gerade von vorn und mittig im Bild, verworfen wurde. Durch den starken Anschnitt wird außerdem nur so viel wie irgend nötig gezeigt.

Bei der Gestaltung von (Bild-)Zeichen und Logos ist die **Reduktion zur Abstraktion** die Erfolg versprechende Basis. Dabei ist man oft gerade darüber verwundert, wie stark und wie weit man beim Abstrahieren gehen kann: Der Kopf ergänzt den Augenschein.
Und im Übrigen ist nichts langweiliger als wenn jedes noch so unbedeutende Detail im Einzelnen beschrieben und dargestellt wird.

Abb. 071

Abb. 072

3. VISUELLE GRUNDERFAHRUNGEN

Figur-Grund-Kontrast

Edgar Rubin (1886 - 1951) ist ein dänischer Psychologe, der sich mit optischer Täuschung beschäftigte. Von den dazu von ihm entworfenen Modellen ist die Rubin'sche Vase das berühmteste.

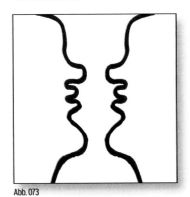

Abb. 073

Abb. 074

Buchstaben sollten lesbar sein, müssen gut und zügig entziffert werden können. Sie sind zumeist schwarze Objekte auf einen weißen Hintergrund. Je klarer sie sich von diesem Grund abheben, desto leichter sind sie zu entziffern.

Abb. 075

Nichts ist ohne Hintergrund. Wenn wir etwas sehen, sehen wir immer den dahinter befindlichen Raum mit, das heißt, wir nehmen die gesehenen Objekte und den Hintergrund in einem Figur-Grund-Kontrast wahr.

Das klassische Beispiel dafür ist die **Rubin'sche Vase** (Abb. 073). Je nachdem wie wir schauen, erkennen wir entweder zwei Gesichter im Profil oder eine Vase. Es ist jedoch unmöglich, beides gleichzeitig wahrzunehmen, das heißt, wir müssen uns visuell immer für eine Sichtweise entscheiden. Die gleiche Erfahrung können wir auch bei dem Beispiel mit den Gläsern und Karaffen (Abb. 074) machen. Auch hier gewinnen wir nur jeweils einen Eindruck. An beiden Beispielen sehen wir, dass wir jedes Mal neu definieren müssen, was in unseren Augen das Objekt sein soll und was dessen Hintergrund.

Leicht verständlich wird der Figur-Grund-Kontrast in der Welt der Buchstaben, der Typografie. Sie müssen **lesbar** sein und sollten leicht und schnell entziffert werden können. In der Regel sind Buchstaben schwarze Objekte auf weißem Hintergrund. Je klarer sie sich abheben, desto leichter sind sie zu lesen. Das wird besonders deutlich in Abb. 075. Diese Schrift erzeugt durch die sehr gleichmäßige Verteilung von Hell und Dunkel ein Flimmern vor den Augen und ist deshalb schwer zu entziffern.

Dieses Beispiel zeigt eindrücklich, dass es nicht nur bei typografischen Aufgaben sinnvoll ist, sich die Negativräume (Luft, Weißraum) - also die Bereiche, die nicht zur Figur zählen - **genauso intensiv** anzuschauen wie die Positivbereiche (Objekte, Figuren, Materie). Denn der Hintergrund jeder Gestaltung ist ein wichtiges Element der Anordnung. Er ist genauso wichtig wie der Vordergrund.

Dies wird jedoch allzu häufig vergessen. Viele Gestaltungen leiden daran, dass der Hintergrund nicht aktiv in die Komposition mit einbezogen wurde.

> **§ 5 Grundsatz der Gestaltung:** Bei gestalterischer Arbeit sind Vorder- und Hintergrund als absolut gleichwertig zu behandeln.

Optische Täuschung

Bei den visuellen Grunderfahrungen ist die optische Täuschung ein Spezialfall. Hier werden die Koordinaten unserer visuellen Welt – waagerecht-senkrecht, oben-unten, links-rechts und Symmetrie – so miteinander verquickt, dass unsere Wahrnehmung die Orientierung verliert. Effekte der optischen Täuschung sind jedoch nicht nur Spielerei: Häufig werden in der Architektur und in der Innenraumgestaltung, etwa bei Decken und Wänden, bewusst optische Täuschungen erzeugt. Dadurch kann zum Beispiel ein Raum größer oder die Decke niedriger wirken.

Sehen Sie sich die beiden Beispiele unten an (Abb. 076, 077): Die Täuschung funktioniert perfekt. Auch wenn es anders aussieht, so verlaufen die diagonalen Linien im linken Beispiel alle parallel zueinander, während die beiden Punkte in der Mitte der Abbildung daneben (Abb. 077) tatsächlich gleich groß sind.

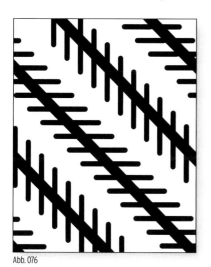
Abb. 076

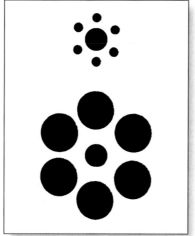
Abb. 077

Ein Meister der inszenierten optischen Täuschung ist übrigens der Niederländer **Maurits C. Escher** (1889 - 1972). Seine raffinierten Beispiele, in denen das Auge an der Nase herumgeführt wird, finden sich heute in fast jedem Lehrbuch. Schauen Sie sich einmal seine Arbeiten an. Es lohnt sich, denn Sie werden Ihre Wahrnehmung schärfen.

Übung „Collage"

Betrachten Sie die Collagen unten. Wo ist der Figur-Grund-Kontrast wirklich aufgehoben? Wo hat man den Eindruck, dass Elemente vor anderen liegen?

Abb. 078

Abb. 079

Abb. 080

Vorbemerkung: Bei dieser Übung müssen sich manche stark überwinden und über ihren Schatten springen. Springen Sie, es lohnt sich. Sie werden, wenn Sie diese Übung konsequent angehen und zu Ende führen, erstaunliche Erkenntnisse über Ihre Fähigkeiten zum Gestalten gewinnen. Legen Sie einfach los und fragen Sie zunächst nicht nach dem Sinn oder Unsinn dieser Übung. Hier geht es um Ästhetik und formales Komponieren.

Und so geht's: Zeichnen Sie auf ein A4-Blatt ein Quadrat mit einer Kantenlänge von 15 cm. Schneiden oder reißen Sie dann farbige Papierschnipsel aus alten Zeitungen und Zeitschriften heraus. Diese sollen aus zwei verschiedenen Farbbereichen sein, zum Beispiel blau und gelb oder rot und braun.

Füllen Sie nun die quadratische Fläche mit den Schnipseln und gestalten Sie die gesamte Fläche so, dass Sie eine interessante Komposition bekommen. Aber: Es darf kein Figur-Grund-Kontrast entstehen! Die Schnipsel können sich überlappen und es sollte am Ende nichts mehr von dem weißen Blatt zu sehen sein. Also: Schnipsel hinlegen und hin- und herschieben, probieren und wieder hin- und herschieben.

Wenn Sie wirklich keinen Figur-Grund-Kontrast mehr erkennen können, also auch nicht mehr der Eindruck entsteht, dass Elemente einer Farbe vor oder über Elementen einer anderen Farbe liegen, dann fixieren Sie Ihre Komposition mit Kleber.

Glückwunsch! Sie haben es geschafft!

Zuletzt drehen Sie Ihre Komposition um 90 Grad oder auf den Kopf und vergegenwärtigen sich die unterschiedliche Wirkung. Wie gefällt Ihnen Ihre Komposition am besten? ■

Fazit

Fassen wir zusammen: Visuelle Grunderfahrungen prägen unsere Wahrnehmung seit frühester Kindheit. Wir müssen uns diese Vorprägungen **bewusst** machen, um sie gezielt in die gestalterische Arbeit einfließen lassen zu können. Denn an jeder Gestaltung „arbeiten" die visuellen Grunderfahrungen automatisch mit.

Hier sind noch einmal alle zehn Grunderfahrungen aufgeführt. Können Sie jetzt die Wirkung und Bedeutung jeder einzelnen erklären?

Schwerkraft
Optische Mitte
Senkrecht und Waagerecht
Leserichtung
Symmetrie
Licht
Räumliches Sehen
Ergänzen und Reduzieren
Figur-Grund-Kontrast
Optische Täuschung

Bildaufbau 4

BILDAUFBAU

Gestaltwahrnehmung, Komposition oder Goldener Schnitt – wenden wir uns nun den visuellen Grundsätzen zu, sie sind die Grundlagen der Gestaltung. Wir lernen sie kennen und erfahren, wie wir sie so in der Praxis anwenden, dass unsere Kompositionen den besonderen Kick bekommen.

Im Kapitel 4:
- Visuelle Merkmale
- Komponieren in der Fläche
- Wie kann ich den Bildaufbau optimieren?

Visuelle Merkmale

Gestalten heißt wahrnehmen und aus der Wahrnehmung folgt die Gestaltung. Das haben wir im letzten Kapitel mit Hilfe der Grunderfahrungen gesehen und gelernt. Im Folgenden zeigen wir anhand einiger Bildbeispiele, wie unser Erkennen mit der Wahrnehmung der Dinge zusammenhängt.

Wir tragen immer eine **Matrix von Merkmalen** im Kopf, die wir pausenlos aktivieren, um die Dinge, die wir sehen, zu identifizieren und zu differenzieren. Dies geschieht aufgrund ihrer spezifischen visuellen Merkmale, an denen jedes Objekt zu erkennen ist. Form, Farbe, Größe und Helligkeit – insgesamt lassen sich neun visuelle Merkmale definieren. Sie helfen uns beim Erkennen von Unterschieden und sind daher natürlich auch beim Gestalten elementar wichtig.

Die visuellen Merkmale
1. Form
2. Farbe
3. Helligkeit
4. Größe
5. Richtung
6. Textur
7. Anordnung
8. Tiefe
9. Bewegung

Wenn Sie gelernt haben, die visuellen Merkmale wahrzunehmen, haben Sie eine wertvolle Hilfe beim praktischen Gestalten gewonnen.

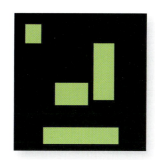

Visuelle Merkmale als Brainstorming- und Kreativ-Checkliste

Angenommen, Sie brüten gerade über einer Idee für eine Produktdarstellung oder eine Anzeigenkampagne. Gehen Sie einfach systematisch vor und benutzen Sie die Merkmale als Checkliste: Welche Form hat das Produkt? Hat es eine charakteristische Farbe und eine spezifische Größe? Sie können beim Gestalten auch mit allen Merkmalen spielen. Mit den neun visuellen Merkmalen haben Sie einen ganzen Baukasten für kreatives Arbeiten und Gestalten gewonnen. Wenn Sie bewusst und reduziert mit diesen Merkmalen arbeiten, werden Sie feststellen: Das ist ein unerschöpfliches Kreativ-Arsenal.

Abb. 081

Maus oder Elefant, Busch oder Wolke?

Worin unterscheidet sich eine Maus von einem Elefanten? Es ist weder die Farbe Grau noch die Musterung des Fells, sondern es sind die visuellen Merkmale Größe und Form, die den Unterschied zwischen beiden ausmachen: Die kleine graue Maus ist eindeutig vom großen grauen Elefanten zu unterscheiden.

Abb. 082

In dem bekannten Beispiel Zebra und Fingerabdruck (Abb. 082 und 083) des Grafik-Designers **Gerhard Braun** (*1922) sind Musterung und Textur nahezu identisch – und somit kein differenzierendes Merkmal. Auch die Farbigkeit erlaubt noch keine hinreichende Unterscheidung. Erst der Größenvergleich erschließt den Unterschied. Der Unterschied zwischen einem Panther und einem Leoparden ist hingegen nicht die Größe, auch nicht die Form, sondern das visuelle Merkmal Farbe. Auf ein anderes Merkmal verweisen dagegen Abb. 097 und 098. Hier sind lediglich Anordnung und Position entscheidend, um eine identische Gestaltfigur als Busch oder Wolke zu identifizieren. Oben oder unten, das ist hier die Frage.

Übung „Permutation"

Zeichnen Sie auf ein quer liegendes A3-Blatt zwei Reihen mit je fünf quadratischen Formaten mit einer Kantenlänge von 6 cm. Zwischen den Formaten lassen Sie bitte ca. 2 cm Platz (Abb. 086):

Jetzt zeichnen Sie in das erste Quadrat einen einfachen figürlichen Gegenstand, zum Beispiel eine Glühbirne, eine Blumenvase oder ein Auto, was Ihnen gerade so einfällt und was Sie schnell zeichnen können. In das fünfte Kästchen zeichnen Sie nun ein einfaches, flächiges Muster, Streifen, Pünktchen oder Ähnliches.

Abb. 084

So, und nun wird es spannend: Überlegen Sie sich bitte die drei Zwischenschritte. Wie wird aus der Glühbirne das Streifenmuster? Wie verändern sich die Linien und Formen, so dass am Ende der Reihe aus einem gegenständlichen Objekt etwas Flächiges geworden ist?

Legen Sie los! Es ist gar nicht so schwer! Lassen Sie sich von eventuellen Anfangsschwierigkeiten nicht entmutigen! Am Ende läuft es ganz von allein. Wenn Sie mit der ersten Reihe fertig sind, funktioniert das Ganze auch rück-

Abb. 085

wärts: Verwandeln Sie nun die Fläche im zweiten Schritt zurück in einen anderen Gegenstand. Also von der Glühbirne aus der ersten Reihe über die Tapete zum Beispiel zum Telefon.

Wenn Sie jetzt noch darauf achten, dass die Veränderungen von Schritt zu Schritt gleichmäßig ablaufen, könnte man das Ganze wie einen Zeichentrickfilm animieren. Von räumlich, gegenständlich zu flach, abstrakt und zurück.
Anmerkung:
Diese Übung ist eine hervorragende Schulung für das flächige Sehen und für die Kompositionsfähigkeit. Sie sollten sie mehrmals wiederholen und beim zweiten Mal auch auf die Kompositions- und Ausdrucksqualität gerade der Zwischenbilder achten. Viel Spaß! ■

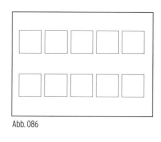
Abb. 086

Abb. 087

Bemerkenswert bei dieser Übung ist, dass die Kompositionen meist besser werden, je weniger gegenständlich die Zeichnungen sind.

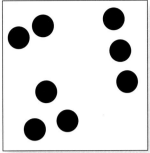
Abb. 088

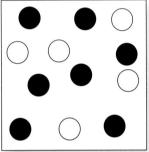
Abb. 089

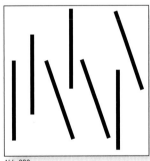
Abb. 090

Abb. 091

Gestaltwahrnehmung

Unser Blick „denkt" mit: Wenn wir schauen, strukturieren wir Flächen und Formen, ordnen Elemente an und nehmen mehr wahr als gezeigt wird. Man kann mit einer Anzahl Objekte (Text, Foto, Grafik usw.) auf ein- und derselben Fläche eine Anzahl verschiedener Gestaltungen erzeugen. Je nach Anordnung oder Variation der Größe der Einzelelemente entstehen unterschiedliche Eindrükke. Es gilt also:

1. Das **Ganze** ist etwas anderes als die **Summe seiner Teile**.
2. Unsere **Wahrnehmung** hat die **Tendenz**, Eindrücke zu „**verbessern**".

Für die Praxis von Bildkomposition und -aufbau halten wir daher die sieben im Folgenden dargestellten Gestaltprinzipien für wichtig.

Ausgewogenheit

Eine ausgewogene Bildkomposition entspricht unserem ästhetischen Empfinden. Deshalb werden ausgewogene Bilder und Grafiken, in denen sich die Elemente im Gleichgewicht befinden, als angenehm empfunden. Um bewusst ein Ungleichgewicht zu erzeugen – und damit Spannung aufzubauen – können folgende Parameter einer Gestaltung verändert werden: Stärke und Position der Elemente, ihre Richtung oder Helligkeit und Farbgebung. Außerdem ist die räumliche Anordnung – oben/unten sowie rechts/links – von zentraler Bedeutung für die Ausgewogenheit einer Bildkomposition.

Richtung

Objekte und Elemente haben eine Form – und damit für uns eine Ausrichtung; die Richtung einer Gestaltung definiert sich entweder über die Form der Objekte oder ihre Anordnung und Position zu den Nachbarobjekten.

Einfachheit

Unser Wahrnehmungssystem bevorzugt beim Erkennen eindeutig den Weg des geringsten Widerstands, das heisst einfache Strukturen erkennen wir leichter und lieber. Oft ist einfacher besser.

Ähnlichkeit

Dieses Prinzip besagt, dass wir den gezeigten Elementen beim Betrachten Merkmale nach Ähnlichkeit zuordnen und dadurch **Gruppen bilden**. So „sortiert" unser Auge beim Blick in die Gummibärchentüte sofort die roten und die grünen Gummibärchen voneinander. Hier wird nach dem Kriterium Farbe gruppiert.

Konsequente Form

Eine Linie, eine Fläche oder ein Körper bilden Objekte – dieses Objekt wird umso deutlicher wahrgenommen, je folgerichtiger seine Form ist. So „verwandeln" sich in unserer Wahrnehmung zum Beispiel geschlossene Linien in Körperformen und durchgehende Linien „bilden" Einheiten (Abb. 094). Wir sehen eine Figur vor einem Hintergrund aufgrund der konsequenten Form. Je klarer desto besser. Allerdings – und da wird es eigentlich erst interessant – ergänzt unsere Wahrnehmung in Zusammenarbeit mit den im Hirn gespeicherten Bildern häufig eine Menge hinzu. So wird in Abb. 091 stets die linke Form geschlossen und als Vordergrund definiert. Versuchen Sie einmal die rechte als Figur zu sehen und das linke als Hintergrund.

Nähe

Unsere Wahrnehmung ordnet Elemente, die in kleinem Abstand zueinander stehen, in eine (Sinn-)Einheit – was nah beieinander ist, das gehört irgendwie auch zusammen. Hier kann man in der Gestaltung viele Fehler machen und beim Betrachter für Irritation sorgen.

Erfahrung

Elemente, die wir schon aus unserer Erfahrung kennen und schon einmal gesehen haben, fasst unsere Wahrnehmung als zusammengehörig auf – und somit automatisch als ein Ganzes.

Gruppenbildung:
Betrachten sie die Abb. 088, 089, 090 und 092, 093. Wo bilden Sie welche Gruppen? Welche Elemente ziehen Sie zu (Sinn-)Einheiten zusammen?

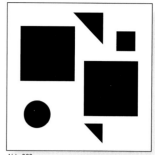
Abb. 092

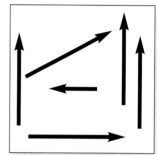
Abb. 093

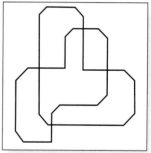
Abb. 094

Kaum jemand wird spontan diese innere Fläche sehen: Unsere Wahrnehmung sucht stets nach den konsequentesten Formen.

Abb. 095

Goldener Schnitt

Konstruktion des Goldenen Schnitts
Die kurze Strecke verhält sich zur langen Strecke wie die lange Strecke zur Gesamtstrecke:
EB:AE = AE:AB.

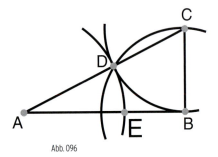
Abb. 096

Menschen empfinden eine Aufteilung einer Strecke im Verhältnis von 3:5 (exakt 1 : 1,618) als besonders gelungen und harmonisch. Der Goldene Schnitt, wie dieses asymmetrische Teilungsverhältnis genannt wird, wirkt auf uns natürlich und ausgewogen.

Schon in der Antike war das Teilungsverhältnis des Goldenen Schnitts bekannt, man kann es heute noch an Bauwerken, Kunstwerken und Skulpturen wiedererkennen.

Nach dem Verhältnis des Goldenen Schnitts kann man sowohl die Proportionen von Formaten festlegen als auch ihre Teilungsverhältnisse, zum Beispiel bei einer Horizontlinie.

Teilen wir beispielsweise ein Bildformat in Länge und Breite in fünf gleiche Strecken, so erhalten wir Schnittpunkte, die annähernd dem Goldenen Schnitt entsprechen: So können wir eine sehr gute Orientierung für die Platzierung von Gestaltelementen schaffen. Probieren Sie es einfach einmal aus.

Auf dem Bild mit den Mohnblumen (Abb. 097) liegt der Horizont, die Augenhöhe, im Goldenen Schnitt.

Abb. 097 Mohnblumen im Goldenen Schnitt

Übung „Gestalterisches Wahrnehmen"

Betrachten Sie abschließend die Abbildung rechts (Abb. 098). Deuten Sie bitte diese Form. Was sehen Sie? Sehen Sie eine weiße Form oben oder eher eine weiße unten? Wenn Sie beide Seiten „bedenken", dann wird Ihnen immer mehr dazu einfallen. Und Sie sind damit auf dem richtigen Weg, gestalterisch zu sehen und zu handeln! ■

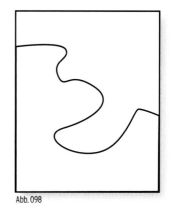

Abb. 098

Dreierregel

Wenn man ein Rechteck in neun kleinere Rechtecke unterteilt und die Schnittpunkte markiert, erhält man ein ganz passables Hilfsmittel zur Komposition in rechteckigen Flächen.

Platzieren Sie nun mithilfe dieses Rasters ihre Gestaltelemente, so führt dies allein oft schon zu einer ausgewogeneren Komposition. Für Fotografen gibt es so genannte Gitterscheiben-Sucher, die auch nichts anderes sind als die Anwendung der Dreierregel oder des Goldenen Schnitts auf die Mattscheibe. Die Welt durch ein Gitterraster zu betrachten, hilft dabei **flächig** zu sehen, was wiederum fast immer dazu führt, dass wir besser komponieren.

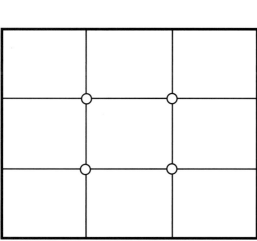

Abb. 099

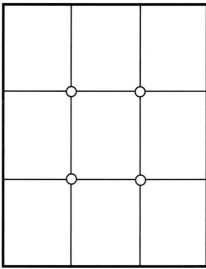

Abb. 100

Komposition

Gestalten heißt komponieren. Der Schlüssel zum erfolgreichen Komponieren liegt in der Fähigkeit, ein **Bild als eine Fläche** zu betrachten, die strukturiert werden muss – und sie eben als Fläche zu gestalten. (Siehe hierzu auch das Kapitel 1, S. 18)

Eine gestaltete Fläche ist ein **begrenzter Raum**, in dem Objekte zueinander in Beziehung stehen. Dabei reduziert sich der Raum in der Regel auf seine Zweidimensionalität: Auch eine 3-D-Grafik ist, am Bildschirm betrachtet, letztendlich eine flächige Abbildung mit zwei Dimensionen. Nur Objekte, um die wir herumgehen können, sind dreidimensional – Skulpturen etwa, Bauwerke oder ein Messestand. In dem Moment aber, in dem wir eine Skulptur fotografieren, befinden wir uns wieder in der **zweidimensionalen Fläche**.

Wenn wir nun die Fläche als Grundlage unserer Komposition erkannt haben, wie gehen wir jetzt vor? Zunächst gliedern wir sie, indem wir die einzelnen Gestaltelemente gezielt verschieben und anordnen.

Dabei sollte eine klare **Hierarchie** aller Elemente angestrebt werden: So kann die Komposition die gesamte Bildaussage stützen und wirkungsvoller machen. Lange bevor die Aussage des Textes eine Botschaft kommuniziert, wirkt die Gestaltung auf den Betrachter. Systematisch Linien führen, einzelne Blickpunkte zu Achsen verbinden und so den Blick des Betrachters gezielt lenken – darin besteht die Kunst einer Komposition.

Neben der Fähigkeit, Flächen zu sehen, ist es darüber hinaus entscheidend, den **Positiv- und den Negativraum** einer Gestaltung zu erkennen und zu wichten. Häufig bewirkt eine kleine Verschiebung schon einen großen Effekt: Hier etwas nach rechts, da ein wenig mehr nach oben – und schon sieht das Ganze besser und professioneller aus. Probieren Sie es! Sie werden erkennen, dass jedes Gestaltelement einer Komposition individuelles visuelles Gewicht und Ausdruckskraft besitzt.

So können durch dieses Variieren einzelner Gestaltelemente – siehe folgende Übersicht – sehr unterschiedliche Wirkungen erzielt werden – gute und schlechte.

Format

Bereits die Auswahl des Bildformats beeinflusst seine Wirkung: Ein Querformat wirkt ruhig, während ein Hochformat einen aktiveren Eindruck vermittelt (siehe Kapitel 10, S. 164/165).

Diagonalen

Diagonalen sind Leitlinien für das Auge. So wirkt eine Diagonale von links oben nach rechts unten passiv, eine von links unten nach rechts oben durch ihre Aufwärtsbewegung aktiv.

Gebogen und gerade

Auch die Form der Elemente verfehlt ihre Wirkung nicht. So werden runde Formen als weich, elegant, weiblich und ruhig empfunden, während kantige oder spitze Formen härtere, lautere und aggressivere Töne anschlagen.

Oben und unten

Ob ein Element oben oder unten platziert ist, erzeugt beim Betrachter unterschiedliche Assoziationen. So wirkt es oben „leicht", unten dagegen „schwer". Dieser Eindruck kann dadurch verstärkt werden, dass das Element hell oder dunkel ist. So wirken dunkle Elemente, unten angeordnet, gewichtig und schwer.

Leserichtung

Links angeordnete Elemente wirken eher wie „oben", rechts angeordnete wie „unten". Bei einer Bewegung von links nach rechts wird diese eher mit vorwärts verbunden, eine Bewegung von rechts nach links dagegen eher mit rückwärts.

Kontraste

Mit Kontrasten erzeugen Sie Spannung auf der Bildfläche. Denken Sie an Kontraste wie groß und klein, rau und glatt, an Farbkontraste oder den Kontrast zwischen hell und dunkel.

Stimmung

Bevor Sie zu komponieren beginnen, definieren Sie Ihr erwünschtes Ziel. Welche Stimmung soll Ihre Komposition vermitteln? Wollen Sie Ruhe, Dynamik, Bewegung usw. erzielen?

Beziehungen

Analysieren Sie die Beziehungen zwischen den einzelnen Objekten auf der Fläche. Wo ist die Wirkung und Wichtigkeit zu hoch oder zu gering?

Bewegung

Nehmen Sie bewusst visuelle Bewegung wahr. Überlegen Sie, wie sie dem zu erzielenden Zweck der Gestaltung nutzen oder schaden kann. Wie dynamisch wirken die Elemente? Eventuell lässt sich die Bewegung in der Komposition durch Drehen einzelner Elemente noch steigern.

Sinneinheiten

Denken Sie in Sinneinheiten. Welche Elemente wirken zusammengehörig und welche nicht? Ist das richtig so?

Bildachsen

Achten Sie auf Bildachsen. Wie verlaufen die senkrechten, waagerechten und schrägen in Ihrer Komposition? Hat die Komposition eine positive Richtung oder wird der Blick des Betrachters auf dem schnellsten Weg aus der Gestaltung herausgeführt? Dann stimmt etwas nicht.

All diese Betrachtungsweisen müssen „in Fleisch und Blut" übergehen. Häufiges Training führt zum Erfolg. Wenn Sie eine Zeitlang komponiert haben, versuchen Sie wieder Abstand zu gewinnen und starten dann erneut. Man kann das aktiv und passiv etwa durch Betrachten von Werken anderer Gestalter üben.

§ 6 Alles hat ein Gewicht: Jedes Element einer Gestaltung bekommt durch Gewichtung mehr oder weniger Bedeutung. Setzen Sie diese Tatsache bewusst in Ihren Kompositionen ein.

Übungen „Komposition"

1. ... mit Dreieck, Kreis und Quadrat

Komponieren Sie in einem rechteckigen und anschließend in einem quadratischen Format jeweils ein Dreieck, einen Kreis und ein Quadrat miteinander. Die Größe der Objekte ist beliebig, sie dürfen auch im Anschnitt zu sehen sein.

2. „Rendezvous im Wald"

Gestalten Sie jetzt drei verschiedene Varianten eines Buchtitels. Das Buch soll „Rendez-vous im Wald" heißen. Legen Sie es als Heimatroman, Krimi und Sachbuch an. Dabei komponieren Sie bitte mit insgesamt vier Gestaltelementen: Textzeile „Rendez-vous im Wald", Dreieck, Quadrat und Kreis.

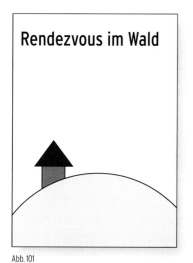
Abb. 101

Abb. 102

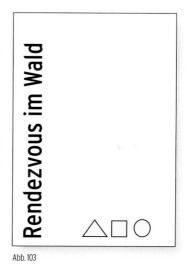
Abb. 103

Hier sehen Sie bereits für jede Gattung einen Gestaltungsvorschlag. Sehen Sie sich die Vorschläge an und beantworten Sie folgende Fragen:

Welcher Vorschlag ist für Sie **inhaltlich** gelungen und warum?
Welcher Vorschlag ist **formal** gestalterisch gut und warum?
Woran erkennen Sie, welches Cover zu welcher Gattung passt? ■

Bauhaus
1919 in Weimar als Schule mit Werkstätten für gestaltendes Handwerk, für Architektur und bildende Künste gegründet, siedelte 1925 nach Dessau, 1932 nach Berlin über, 1933 aufgelöst. Gründer: Walter Gropius. Weitere Vertreter: u.a. Wassily Kandinsky, Paul Klee, László Moholy-Nagy, Ludwig Mies van der Rohe.

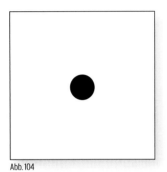
Abb. 104

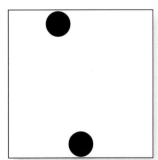
Abb. 105

Abb. 106

Punkt, Linie und Fläche

Diese Grundelemente entstammen der Gestaltung aus der Tradition des Bauhauses. Das Bauhaus hat Anfang des 20. Jahrhunderts mit seiner radikal reduzierten Sicht auf die Gestaltung weltweit Schule gemacht. Heute gilt diese Auffassung als Basiswissen und Handwerkszeug für moderne Gestaltung. Deshalb stellen wir hier einige der wichtigsten Grundsätze, die das Bauhaus entwickelte, kurz vor.

Ausgangspunkt aller Gestaltung ist immer der **Punkt**. Ein Punkt ist gestalterisch gesehen ein Kleingebilde, das ein Zentrum hat und als abgeschlossene Form wahrgenommen wird. Ein Punkt muss dabei nicht zwangsläufig kreisförmig sein, sondern kann prinzipiell jede beliebige Form annehmen.

Aus mehreren Punkten, dem kleinsten Grundelement des grafischen Gestaltens, entsteht die **Linie**. Daher definieren wir eine Linie als Verbindung zwischen mindestens zwei Punkten. Sie hat jedoch im Gegensatz zum Punkt Ausdehnung und Richtung. Sie orientiert sich an der gedachten Senkrechten und Waagerechten. Ein weiterer Unterschied ist: Ein Punkt ist unbewegt, eine Linie kann Bewegung ausdrücken. Mehr noch: aus der Bewegung einer Linie entsteht die **Fläche**. Und aus mehreren Flächen setzen sich schließlich die Körper zusammen.

Punkt

Mit den folgenden Abbildungen wollen wir zeigen, welche Wirkung der Punkt als das kleinste Grundelement grafischen Gestaltens haben kann, wenn man ihn unterschiedlich einsetzt. Bei unserer Darstellung nutzen wir dabei als Grundfläche immer das Quadrat, weil es die neutralste Form überhaupt ist und Kompositionen von Elementen darin ihre stärkste und klarste Wirkung entfalten.

In Abb. 104 sehen wir in der Mitte des Quadrates einen Punkt. Er bildet das Zentrum der Komposition und befindet sich in absoluter Ruhe. Auf der vertikalen Mittelachse in Abb. 105 befindet sich jeweils ein Punkt, einmal oben und einmal unten an der Kante des Formats. Der oben befindliche Punkt wirkt **aktiv** und bewegt, er droht sogar herunterzufallen. Der untere Punkt dagegen ist in Ruhe, liegt in der Mitte und wirkt daher **passiv** und optisch näher als der obere

Punkt. Hier sehen wir: Verschiebt man einen Punkt aus der Mitte, so gerät die Beziehung zur ihn umgebenden Fläche in Bewegung oder gar in **Unruhe**.

In der nächsten Abb. 106 befindet sich jeweils einen Punkt auf der linken und rechten Seite des quadratischen Formats. Der linke Punkt wirkt spannungsgeladen und unruhig, er scheint sich gleich nach rechts bewegen zu wollen. Die Wirkung des rechts befindlichen Punktes ist dagegen grundlegend anders. Dieser Punkt wirkt immer noch spannungsvoll, da er im oberen Teil des Formats liegt. Er ist jedoch nicht unruhig, vielmehr scheint er am Ziel angekommen zu sein. Wenden wir uns jetzt den nächsten beiden Abbildungen zu. Sie zeigen verschieden große Punkte. In Abb. 107 befinden sich zwei unterschiedlich große Punkte in der Mitte des Formats. Hier entsteht eine spannungsvolle Beziehung zwischen den Punkten und wir nehmen sie gemeinsam wie ein Zentrum wahr, denn wir ziehen optisch die Formen zu einem Gesamteindruck zusammen. In Abb. 108 liegen die beiden Punkte zwar auf derselben Mittelachse, sind jedoch weiter auseinander gerückt. Wir empfinden dabei eine Distanz und sehen keine Verbindung, sondern einen Gegensatz bzw. eine **Spannung**.

Gehen wir jetzt noch einen Schritt weiter. Abb. 109 zeigt wieder zwei Punkte auf der Mittelachse, dieses Mal sind die Punkte jedoch in Form und Größe gleich. Jetzt stehen die Punkte für uns nicht in Spannung, sondern wir ergänzen sie automatisch – auch weil sie viel kleiner sind – zu einer Linie. Es entsteht sogar eine Begrenzung, ja das Format wird geteilt. Und dieser Effekt entsteht nur, weil zwei Punkte in nicht allzu großer Entfernung auf einer Achse stehen.

Kommt jetzt ein dritter Punkt hinzu, wie in Abb. 110, ergänzen wir die Punkte zu einer optischen **Dreieckskomposition**. Das ist in der Regel eine sehr dynamische, aber trotzdem ausgewogene Komposition. In der bildenden Kunst der Moderne gibt es zahlreiche Beispiele für Dreieckskompositionen. Am bekanntesten sind wohl die Arbeiten von **Wassily Kandinsky** (1866 - 1944). Der russische Avantgardist setzte die Theorie des Bauhauses konsequent in abstrakte Kunst um. In seinem Buch „Punkt und Linie zur Fläche" (1926), einem Standardwerk der Moderne, begründet der Maler und Grafiker den gestalttheoretischen Hintergrund seiner Werke.

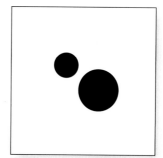
Abb. 107

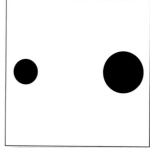
Abb. 108

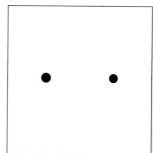
Abb. 109

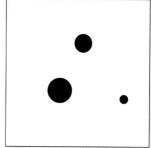
Abb. 110

Kandinskys Theorie ist auch spielerisch und leicht verständlich darstellbar, was z.B. der Grafiker, Maler und Fotograf Anton Stankowski (1906 - 1998) gezeigt hat. Gucken Sie unbedingt einmal in „Gucken", sein Kinderbuch auch für Erwachsene.

Lesetipps:
Wassily Kandinsky,
Punkt und Linie zur Fläche

Anton Stankowski,
Gucken

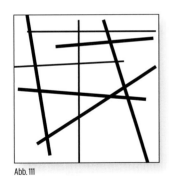
Abb. 111

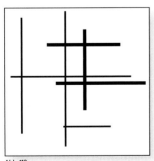
Abb. 112

Linie

Eine Linie ist die Verbindung von mindestens zwei Punkten. Im Gegensatz zum Punkt ist eine Linie aber nicht an eine bestimmte Position gebunden. Sie hat einen bewegten, dynamischen Charakter. Die einfachste Form der Linie ist die Gerade. Daneben unterscheiden wir die gebogene und die eckige Linie (Zickzack) sowie die freien Linien.

Bei gebogenen Linien assoziieren wir harmonische, natürliche Zusammenhänge, bei eckigen Dynamik und starke Bewegung, während es bei freien Linien sehr stark von ihrer Position abhängt, welche Wirkung wir wahrnehmen.

Eine Linie verbindet und **gliedert** die Komposition, sie kann Bereiche abtrennen - so entstehen Flächen in der Gestaltung.

Betrachten wir einige Linienkompositionen einmal näher. In Abb. 111 befinden sich zum Beispiel diverse Linien ohne erkennbare Ordnung im Format. Ordnung macht sich in der Regel genau daran fest, ob sich die Linien an unserem horizontal-vertikalen Seh- und Denksystem ausrichten lassen oder nicht. Genau das ist in der nächsten Abbildung (Abb. 112) möglich, so dass uns die Linien als geordneter erscheinen.

Eine **Vertikale** (Abb. 116) nehmen wir als aktive Linie wahr, während die **Horizontale** (Abb. 115) der größtmögliche Gegensatz zur Vertikalen ist: Wir verbinden sie mit Ruhe und Ausgeglichenheit und assoziieren sie als passive Linie.

Abb. 113 zeigt eine gebogene, Abb. 114 eine eckige Linie. Sie rufen jeweils sehr unterschiedliche Assoziationen hervor. Die gebogene Linie wirkt dabei wesentlich harmonischer als die abgehackte, eckige Linie.

Fläche

Eine Fläche kann jede beliebige Form annehmen und ist schwieriger zu identifizieren als Punkt und Linie. Daher werden Flächen manchmal nicht auf den ersten Blick erkannt. Die ruhigste und ausgeglichenste Flächenform ist das Quadrat, weil keine der grundlegenden Achsen betont wird.

Flächen grenzen sich durch Größe, Form, Proportion, Struktur oder Helligkeit voneinander ab. Es gilt aber auch, dass ein fließender Übergang zwischen Punkten und Flächen besteht. Deswegen heißt es für eine gute Gestaltung:

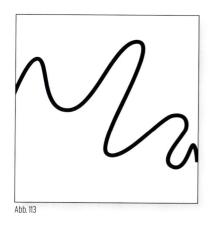
Abb. 113

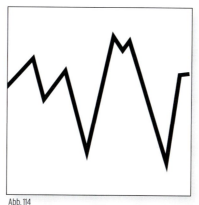
Abb. 114

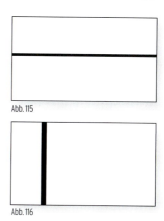
Abb. 115

Abb. 116

Genau hinschauen mit dem Wissen um den Figur-Grund-Kontrast. Das hilft uns bei der Arbeit mit Flächen und Flächenkompositionen.

Wir sehen, wenn wir in der Lage sind, das rationale Erkennen auszuschalten, fast nur noch farbige Flächen. Man kann jede Gestaltung auch als reine Flächenanordnung betrachten. Wenn uns das gelingt, sind wir schon einen großen Schritt auf dem Weg zum guten Gestalter gegangen. Flächen zu sehen und ihre Form zu interpretieren, sollte ein Mediengestalter ständig intensiv üben.

§ 7 Drei Dinge braucht Gestaltung: Punkt, Linie und Fläche. Mit diesen drei Urelementen lässt sich jede Gestaltung beschreiben und begreifen.

Abb. 117 Linien in der Komposition

Übungen „Komposition analysieren"

Drei Bilder, viele Linien. Betrachten Sie jedes Bild ca. 15 Minuten. Wo sind Linien, Punkte und Flächen? Wird der Blick im Bild gehalten oder möchten Sie die jeweilige Komposition möglichst schnell wieder verlassen?
Wie wird hier Wirkung erzielt und durch welche Linien und Flächen? ∎

Analyse

Komposition hat viel mit Hinschauen und flächigem Sehen zu tun. Auf jeden Fall sollte das „identifizierende Sehen" (siehe Kap. 1, S. 18) **ausgeschaltet** sein.

Sie sehen unten braune, blaue und grüne Flächen in verschiedenen Formen. Durch Linien wird der Blick geführt. Es gibt verschiedene gestalterische Elemente mit verschiedenem visuellem Gewicht.

Betrachten Sie die Abbildungen und identifizieren Sie die einzelnen Flächen: Diagonale, Dreiecke, Achsen, Hell-Dunkel-Verteilung.

Abb. 118
Linien

Abb. 119
Waagerecht, senkrecht

Abb. 120
Flächen

Abb. 121
Dreieck, Blickweg

Abb. 122
Hell, dunkel

Abb. 123

Schauen Sie sich die Fotos (bis S. 84) einmal genau auf diese gestalterischen Grundelemente hin an: Wo gibt es welche Dreiecke und wie liegen diese im Format? Wie laufen die jeweiligen Achsen und was wird dadurch gestalterisch bewirkt? Wie ist die Hell-dunkel-Verteilung in den Flächen? Unterstützt die Verteilung die Gesamtwirkung?

Abb. 124

Abb. 125
Linien

Abb. 126
Waagerecht, senkrecht

Abb. 127
Flächen

Abb. 128
Hell, dunkel

Abb. 129

Abb. 130
Linien

Abb. 131
Flächen

Abb. 132
Textur

4. BILDAUFBAU

Abb. 133

Abb. 134   Abb. 135   Abb. 136   Abb. 137

Linien   Flächen   Hell, dunkel   Blickweg

Abb. 138

Abb. 139   Abb. 140   Abb. 141   Abb. 142

Linien   Flächen   Textur   Blickweg

Übung „Flächenkomposition"

Zeichnen Sie auf fünf A3-Papiere je acht quadratische Kästchen mit einer Kantenlänge von 8 cm. Anschließend bilden Sie zu den unten aufgeführten gestalterischen Grundprinzipien je eine Seite mit Kompositionen. Verwenden Sie keine Farbe, sondern nur einen schwarzen Filzschreiber. Sie können mit Bleistift vorzeichnen. Gegenständliche und ungegenständliche Bilder sind erlaubt. Wichtig ist die jeweilige Wirkung der einzelnen Komposition. Und achten Sie darauf, dass ein Betrachter das gestalterische Grundprinzip Ihrer Bilder ohne Ihre Erklärung erkennen kann (Beispiele: S. 87, Abb. 143).

1. Gerade und gebogen

„Gerade und gebogen" soll als gestalterisches Element dargestellt werden. Versuchen Sie die Begriffe unterschiedlich zu interpretieren und darzustellen. Achten Sie bei Ihren Bildern auf das Spannungsverhalten der einzelnen Formen zueinander.

2. Groß und klein

Erforschen Sie das Spannungsfeld von „groß und klein". Versuchen Sie das Begriffspaar möglichst eindeutig darzustellen. Wählen Sie geeignete gestalterische Mittel, um die Bildaussage zu steigern. Achten Sie bei Ihren Bildern insbesondere auf die Bildausschnitte, die Sie wählen.

3. Stark und schwach

Hier geht es um „stark und schwach". Versuchen Sie durch Abstraktion der Begriffe verwandte Elemente oder Prinzipien zu finden, die eine Assoziation mit den Eigenschaften von „stark und schwach" beim Betrachter erlauben. Wählen Sie geeignete gestalterische Mittel, um die Bildaussage zu steigern und das Begriffspaar darzustellen.

4. Symmetrie

Entwerfen Sie acht Bilder, die den Begriff „Symmetrie" als gestalterisches Moment repräsentieren. Versuchen Sie nicht nur einfache Symmetrien abzubilden, sondern das Thema im Bild zu erweitern (Symmetrieverschachtelungen, Gleichgewicht usw.). Versuchen Sie die gestalterische Kraft, die im Einsatz von Symmetrien in der Gestaltung liegt, zu unterstreichen.

5. Rhythmus

Gestalten Sie acht Bilder, die den Begriff „Rhythmus" darstellen. Versuchen Sie den Begriff unterschiedlich zu interpretieren und darzustellen.

Und? Sind die Blätter gut gefüllt mit Ihren Kompositionen? Sehen Sie sich nun die zwanzig Abbildungen auf S. 87 an. Bestimmen Sie das wesentliche gestalterische Element! Gibt es auch Bilder, denen Sie zwei oder mehrere Elemente zuordnen können? ■

Fazit: Fassen wir zusammen: Bei der Gestaltung gibt es eine Reihe von visuellen Grundlagen zu beachten. Wer diese Grundlagen der Gestaltung beherrscht, verinnerlicht und übt, ist in der Lage, ihre Wirkung in seinen gestalterischen Kompositionen einzusetzen, und kann so Aufmerksamkeit erzeugen.

Hier sind noch einmal die fünf beschriebenen Grundlagen aufgeführt. Können Sie jetzt deren Bedeutung und ihre Anwendung in der gestalterischen Praxis erklären?

Visuelle Merkmale
Gestaltwahrnehmung
Komposition
Goldener Schnitt
Punkt, Linie, Fläche

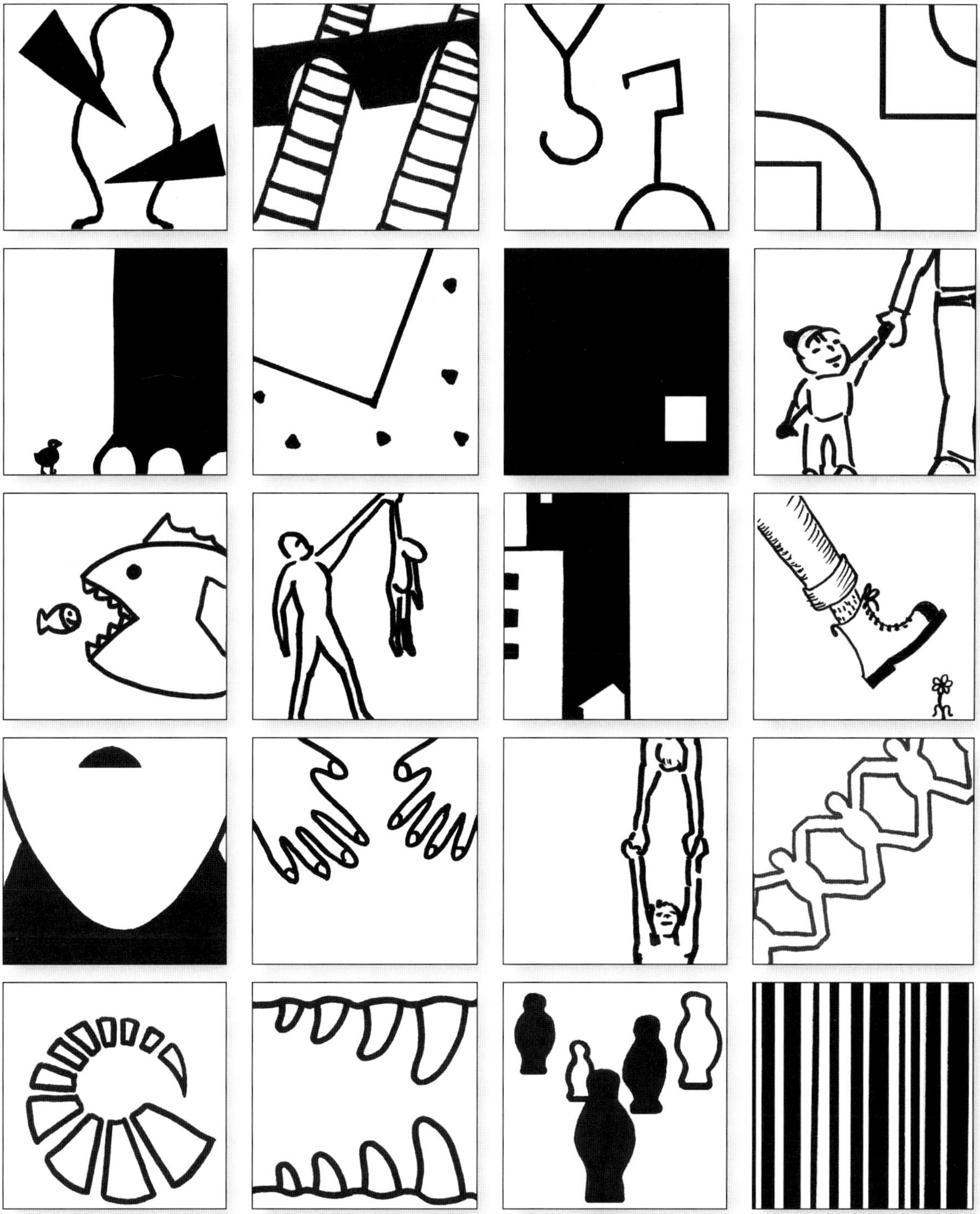

87

4. BILDAUFBAU

Abb. 143

Bilder
& Zeichen
& Symbole
5

BILDER, ZEICHEN & SYMBOLE

In Kapitel 5:

▸ Was ist ein Zeichen?

▸ Welche Dimensionen hat ein Zeichen?

▸ Wie funktioniert ein Zeichen in der gestalterischen Praxis?

Ein Zeichen ist ein Zeichen oder? Wenn wir auf einem Bahnhof einen Koffer abgebildet sehen, wissen wir was gemeint ist, die Gepäckaufbewahrung. Auch die Überschrift in einer Zeitung oder die Noten unseres Lieblingshits verstehen wir (meistens) ohne Probleme.

Andererseits: Ein Zeichen ist eben nicht nur ein Zeichen. Es steht nicht für sich selbst, sondern verweist immer auf etwas. Selbst ohne Bedeutung, nimmt es die Funktion eines Stellvertreters an. Die Bedeutung eines Zeichens setzt sich immer aus der **Beziehung** von der Zeichenform und dem Inhalt, für den es steht, zusammen. Und damit nicht genug: Eine dritte Dimension ist der Leser des Zeichens, an den sich dessen Botschaft richtet. Alles klar?

Das oben genannte gilt für alle Arten von Zeichen, für akustische (Erkennungsmelodie in der Werbung) genauso wie für sensitive (Blindenschrift). In unserer Darstellung beschränken wir uns auf visuelle Zeichen.

Aber der Reihe nach: Man kann sich ein Zeichen von drei Seiten aus ansehen. Diesen drei Sichtweisen nähert man sich am besten, indem man folgende Fragen beantwortet:

▸ Wie stellt das Zeichen etwas dar?

▸ Was stellt das Zeichen dar?

▸ Welche Absicht wird mit dem Zeichen verfolgt, welche Wirkung soll es beim Leser haben?

Wie stellt das Zeichen etwas dar?

Wie sieht das Zeichen aus? Welche Form hat es, welche Größe, Farbe usw. All die Elemente, die wir bereits im Kapitel Komposition kennengelernt haben, spielen hier eine Rolle. Dazu gehört nicht nur die Beschaffenheit des Zeichens, sondern auch zum Beispiel Kontraste in hell und dunkel oder der Verlauf der Bildachsen oder eine vorhandene Bewegung. Mit einem Wort: Auch die Beziehung der Elemente zueinander ist bedeutend.

Was stellt das Zeichen dar?

Für welchen Inhalt steht das Zeichen? Welche Botschaft will es vermitteln? Dabei spielt es auch eine Rolle, in welchem **Zusammenhang** ein Zeichen steht. Ein Fahrrad allein auf einem Verkehrsschild hilft nicht weiter, erst die ihm zugewiesene Farbe verdeutlicht seine Botschaft: Weiß auf blauem Grund verweist auf einen Radweg, schwarz auf gelb zeigt, wo es langgeht, während das Fahrrad in einem rot umrandeten Dreieck Autofahrer warnt: Achtung, gleich kommt ein Radfahrer.

Warum Zeichen?

Welche Wirkung soll es beim Leser haben?

Zeichen stehen nicht für sich, sie haben immer eine Absicht. Sie wollen beispielsweise informieren, wie der Wegweiser zum Gepäckschließfach, sie wollen warnen, wie vor den Radfahrern, oder sie wollen auffordern, etwas zu tun. Diese Wirkung haben Zeichen u.a. in der Werbung. Sie fordern den Empfänger der Botschaft dazu auf, zu reagieren, etwas zu kaufen oder zu konsumieren.

Und wozu die ganze „Zeichentheorie"? Wer sich diese drei Aspekte eines Zeichens und damit jeder Form von visueller Gestaltung von Medien klarmacht, hat es leichter, für eine zu vermittelnde Botschaft und deren beabsichtigte Wirkung das richtige Zeichen zu finden.

Und deswegen noch ein bisschen Theorie: Grafische Zeichen als Abbilder bzw. Abbildungen kann man auch nach ihrer **Funktion** unterteilen. Im Großen und Ganzen unterscheiden wir zwischen **Bildern, Zeichen und Symbolen**. Wo liegen hier die Unterschiede?

Abb. 144

Bilder

Typisch für ein Bild ist, dass es die entscheidenden Merkmale des Gezeigten direkt aufgreift. Es abstrahiert, so dass der Inhalt durch das bewusste Weglassen von Einzelheiten stärker betont wird. Das bedeutet auch, dass ein Bild Dinge beschreibt, die weniger abstrakt sind als das Bild selbst. Das Besondere an Bildern ist, dass sie in der Regel überall auf der Welt ohne Erklärung verstanden werden. Bilder sind **Abbildungen**. Bilder sind ohne Vorkenntnisse verständlich. Aber Bilder sind auch mehrdeutig und daher nicht schnell zu entschlüsseln wie abstraktere Zeichen.

Zeichen

Ein Zeichen bezieht sich immer auf bestimmte Inhalte, ohne dass es einen sichtbaren Zusammenhang zwischen Form und Inhalt gibt. Ein Zeichen ist bewusst gestaltet, es muss gelernt werden, um es richtig zu verstehen: Ein Beispiel dafür sind Buchstaben. Nur wer **gelernt** hat, die Buchstaben A, U, T und O im Zusammenhang zu lesen und dabei an ein Auto als das Bezeichnete zu denken, weiß, was sie bedeuten. Das Gleiche gilt für Verkehrszeichen. Auch ihre Funktion erkennt nur, wer sie zu deuten weiß.

Symbole

Ein Symbol stellt Dinge dar, die stärker abstrahiert sind als es selbst. Dabei gibt es auch keinerlei Ähnlichkeit zwischen Form und Inhalt, so dass auch hier gilt, dass ihre Bedeutung gelernt werden muss. Beispiele für Symbole sind Musiknoten oder die Darstellungen mathematischer Formeln. Auch die Friedenstaube, eigentlich ein Bild eines Vogels, wird durch die dahinterliegende gelernte, **Bedeutung** zum Symbol.

Wir entwickeln und verwenden Zeichen also deshalb, um Kommunikationsprozesse zu **beschleunigen** und zu **vereinheitlichen**. Voraussetzung dafür ist allerdings, dass der Inhalt eines Zeichens auch verstanden wird. Denn ob ein Schild im Straßenverkehr oder ein Buchstabe im Alphabet – konventionelle Zeichen müssen wir erst erlernen, um ihren Inhalt zweifelsfrei zu verstehen. Erst dann klappt die Kommunikation.

Kombinierte Zeichen
Häufig werden Wort- und Bildmarken kombiniert, um dem Zeichen mehr Nachdruck zu verschaffen. So kann die Bedeutung des Zeichens zusätzlich verbal erklärt werden.

Abb. 145

Das setzt aber auch voraus, dass wir in einem gleichen oder ähnlichen Kontext den gleichen **Code** gelernt haben. Ein Beispiel: Um durch Zeichen verwirrt zu werden, muss man gar nicht lange fahren. In unserem Nachbarland Polen werden Toiletten häufig durch Zeichen gekennzeichnet: Meint der Kreis nun die Frauen und das Dreieck die Männer oder ist es umgekehrt?

Was bedeutet das für die Arbeit des Gestalters? Die verwendeten Zeichen müssen eindeutig sein und von der Zielgruppe verstanden werden. Bevor es losgeht, ist deren Analyse nötig. Auch bei unterschiedlichen Generationen oder Berufsgruppen können Zeichen eine andere Bedeutung annehmen. Deshalb lautet die wichtigste Frage in der Praxis: Wann verwende ich am besten welches Zeichen, welches ist in einem bestimmten Kontext das Geeignete?

Abstraktionsniveau

Entscheidend für das Verständnis von Zeichen ist das Abstraktionsniveau. Wenn man als Gestalter ein Zeichen entwickelt – und das tun sehr viele Gestalter ständig – dann ist die Motivation immer, eine Botschaft leicht verständlich und gut merkbar in der Erinnerung des Betrachters zu verankern. Man muss wissen, wie viel Abstraktion man seiner **Zielgruppe** zumuten kann und darf. Und sich dann so nahe wie irgend möglich an diese Grenze herantasten.

▸ Wird das Zeichen noch verstanden?
▸ Enthält es zu viel Information?
▸ Welche Kenntnisse kann ich beim Betrachter voraussetzen?

Je abstrakter ein Zeichen ist, desto eingängiger wird es in der Regel. Ist es zu abstrakt, kann der Betrachter nichts mehr damit anfangen. Bekannte und bereits erlernte Zeichen sollten möglichst nicht verändert werden. Die Suchfunktion auf einer Website wird gewöhnlich durch eine kleine Lupe visualisiert. Die Lupe ist ein Zeichen. Wenn ich auf meiner Site ein neues Zeichen für diesen Vorgang entwickele, beispielsweise einen Knopf mit einem Fragezeichen, so wird mich niemand mehr verstehen. Das Fragezeichen ist in diesem Kontext bereits für eine andere häufige Funktion belegt. Es steht gewöhnlich für die Hifefunktion bei der Bedienung.

niedriges Abstraktionsniveau

Abb. 146

hohes Abstraktionsniveau

Abb. 147

Abb. 148

Abb. 149

Abb. 150

Abb. 151

Sie sehen verschiedene Zeichen mit unterschiedlichen Abstraktionsniveaus. Wir sind umgeben von bildhafter Kommunikation. Die Welt ist **voll** davon.

Machen Sie sich einmal bewusst, wer alles über Zeichen versucht, mit uns zu kommunizieren und entschlüsseln Sie das Niveau, auf dem diese Kommunikation stattfindet.

Übung „Zeichen entwerfen"

Aufgabe: Leitsystem für eine Badeanstalt

Kreieren Sie ein Logo (Zeichen) für Ihre lokale Badeanstalt. Schaffen Sie ein abstraktes Zeichen, das gut von fern (denken Sie an ein Straßenschild) erkenn- und identifizierbar ist und dem Sachverhalt „Schwimmbad" gerecht wird. Nachdem das Zeichen fertig ist, sollte eine zweite Version erstellt werden, die zusätzlich als Schriftzug den Namen des Bades enthält, also eine kombinierte Wort-Bildmarke. Denken Sie an einen Briefkopf oder die Visitenkarte des Bademeisters.

Machen Sie zunächst viele, viele kleine Entwürfe und entscheiden Sie sich dann für den Ihrer Meinung nach gelungensten Entwurf. Diesen entwickeln Sie nun konsequent weiter, indem Sie immer weiter abstrahieren.

Schließlich treffen Sie eine Entscheidung und führen den besten Entwurf größer aus.

Im zweiten Schritt dieser anspruchsvollen Aufgabe entwickeln Sie Unterzeichen. Also Zeichen, die eindeutig zu der von Ihnen kreierten Dachmarke „Schwimmbad" passen. Inhalte wären beispielsweise „Schwimmerbecken", „Umkleidekabinen", „Sprungturm" oder „Schließfächer".
Bei diesen Unterzeichen achten Sie darauf, dass das Abstraktionsniveau nun geringer sein sollte als beim Dachlogo. Hier können die Darstellungen durchaus konkreter werden. Ein Schild zum Beispiel für Schließfächer sieht man in der Regel aus wenigen Metern Entfernung.

Wichtig ist, dass die verschiedenen Bildmarken zusammenpassen und eine gestalterische Einheit bilden. ◾

Seite gegenüber
Häufig verurteilt, aber selten genau betrachtet: auch Graffiti-Sprayer hinterlassen ihre individuellen Zeichen. Machen Sie sich einmal die Mühe genau hinzusehen.

97

5. BILDER, ZEICHEN & SYMBOLE

Abb. 152

Kommunikation und Wahrnehmung

KOMMUNIKATION UND WAHRNEHMUNG

In Kapitel 6:

▸ Wie funktioniert Kommunikation?

▸ Mit welchen Mitteln wird kommuniziert?

▸ Wie setze ich die gewonnenen Erkenntnisse erfolgreich um?

Kommunikation gibt es immer. Egal was wir tun, wir kommunizieren ständig. Selbst die bewusste Verweigerung von Kommunikation, z.B. Schweigen oder die Flucht auf eine einsame Insel, ist unweigerlich Kommunikation. **Paul Watzlawick** (1921 - 2007), der österreichisch-amerikanische Kommunikationswissenschaftler und Psychotherapeut hat es treffend auf den Punkt gebracht: „Man kann nicht nicht kommunizieren."

So viele menschliche Verhaltensweisen es gibt, so viele Formen von Kommunikation gibt es auch. In diesem Abschnitt wollen wir kurz die Grundbedingungen des Kommunizierens beleuchten. Dabei verstehen wir als Kommunikation das Vermitteln von Inhalten von einer Person, die Signale aussendet, zu einer Person, die diese Signale empfängt.

Sprachliche Kommunikation

Sprachliche Kommunikation erfolgt entweder mit den akustischen Signalen der Stimme oder über einen Text. Der Text gibt unserer Sprache seine Gestalt. Der bildhafte Ausdruck der verbalen Kommunikation sind Buchstaben und Schrift. Beides sind abstrakte Zeichen, die, wie wir bereits im letzten Kapitel gesehen haben, erst erlernt werden müssen. Das Gleiche gilt für Worte. Ihr Sinn erschließt sich erst aus unserer kulturellen und individuellen Erfahrung. Anders sieht es dagegen bei Bildern aus. Sie werden spontan wahrgenommen und ihr Sinn wird meistens schnell erfasst, ohne dass lange Erklärungen oder besonderes Hintergrundwissen nötig sind. Häufig (be)werten wir Bilder, wie wir später noch sehen werden, bevor wir wirklich genau erfasst haben, worum es sich bei einer Darstellung handelt.

Visuelles Denken und Kommunizieren

Visuelles Denken ist sehr eng mit der Fähigkeit verknüpft, etwas bewusst wahrzunehmen und das Wahrgenommene auch zu benennen. Für die eigene Gestaltung bedeutet das, zu versuchen, die Umwelt so wahrzunehmen, wie sie sich wirklich darstellt, um diese beschreiben und an andere kommunizieren zu können.

Kommunikation und ihre Wirkung

Das Ziel jeder Kommunikation ist eine bestimmte Wirkung, sie ist niemals Selbstzweck. In der Regel sollen Meinung oder Verhalten von angesprochenen Personen beeinflusst werden. Um dies zu erreichen, kommunizieren wir Botschaften. Der Inhalt und die Form bzw. die Ästhetik machen eine Information zur Botschaft. Ist sie gut verständlich, glaubwürdig und überzeugend, dann wirkt unsere Kommunikation so, wie wir es geplant hatten.

Dazu müssen wir uns klarmachen, dass Kommunikation ein **Übersetzungsvorgang** ist. Wir übersetzen unsere Botschaft in die Sprache eines Adressaten. Damit dies gelingt, müssen wir die Inhalte, die wir kommunizieren wollen, im Hinblick auf die Absicht und die Umstände dieser Vermittlung erst einmal werten und gewichten, um sie anschließend in die Sprache des Anzusprechenden übersetzen zu können.

Für die Praxis hat diese Erkenntnis ganz konkrete Folgen. Bei größeren Kommunikationsmaßnahmen – zum Beispiel bei Werbe- oder PR-Kampagnen – müssen sämtliche Informationen und Ziele sowie Adressaten und Zielgruppen exakt definiert und analysiert werden. Erst dann sollte mit der Gestaltung begonnen werden. Denn die Erfahrung zeigt, dass Kommunikation erst dann optimal verläuft, wenn sowohl ein inhaltliches als auch ein gestalterisches Gesamtkonzept zugrunde liegt.

Abb. 153

§ 8 Im Zentrum der Kommunikation steht die überzeugende Botschaft. Ihr Ausgangspunkt sind jedoch immer ein tatsächlich vorhandener Inhalt und objektive Fakten.

Sender-Empfänger-Modell

Sehen Sie sich Abb. 154 an, so funktioniert Kommunikation modellhaft. Ein Sender sendet eine verschlüsselte Botschaft an einen Empfänger. Dieser muss die Botschaft entschlüsseln, um sie zu verstehen. Dann entfaltet sie ihre Wirkung auf den Empfänger, der ein Feedback an den Sender sendet. Dieser Kommunikationsprozess kann durch Störsignale negativ beeinflusst werden.

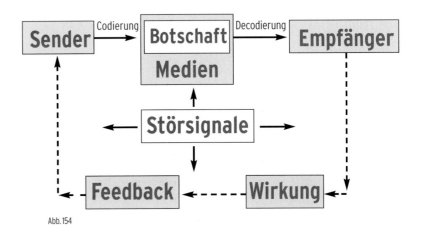

Abb. 154

Kommunikationsnebel

Das oben beschriebene klassische Modell der Kommunikation erweist sich für die Beschreibung der heutigen Mediengesellschaft als nicht mehr ausreichend. Multimediale und interaktive Kommunikation, die häufig gleichzeitig stattfinden, bestimmen unseren Alltag. Zu der Hauptkommunikation zwischen Sender und Empfänger, zum Beispiel einem Gespräch, kommen weitere Signale hinzu: Radio, Telefon, E-Mail, Fernseher usw. Die Allgegenwart verschiedener Medien hüllt uns in einen Kommunikationsnebel.

Da stehen wir nun im Nebel: Viele mediale Signale sprechen uns an und wollen uns erreichen. In dieser diffusen Unübersichtlichkeit ist eines entscheidend: Welchem Kanal schenken wir Aufmerksamkeit und wie lange, bevor wir wegzappen, weitersurfen oder weghören. Angesichts dieses permanenten Medienbeschusses sind wir zur selektiven Wahrnehmung gezwungen. Und hier liegt die Herausforderung für den Mediengestalter:

Wie komme ich durch diesen Nebel zum gewünschten Empfänger, das bedeutet, wie erreiche ich **Aufmerksamkeit**? Denn Aufmerksamkeit ist immer schwieriger zu bekommen.

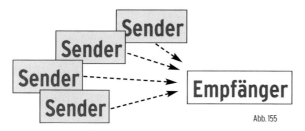

Abb. 155

Bildkommunikation (nach Kroeber-Riel)

Bilder, Bilder, nichts als Bilder. Es ist nicht zu bestreiten, wir leben in einer Zeit zunehmender Reiz- und Informationsflut und dabei stehen Bilder im Mittelpunkt. Wir sehen immer mehr Bilder, immer größere und immer farbigere Bilder. Und wir bekommen sie direkt ins Haus geliefert, schließlich sieht jeder Deutsche durchschnittlich drei bis vier Stunden pro Tag fern. Auch im immer wichtiger werdenden Internet stehen Bilder im Vordergrund. So wundert es nicht, dass die Allgegenwart von Bildern und die wachsende Bedeutung der Bildmedien gegenüber den Printmedien unsere Kommunikation verändern.

Im stetig steigenden Informationsfluss konzentrieren sich Anbieter verstärkt auf das Bild und das hat seinen Grund. Denn wenn überhaupt nur etwa 2-5 % aller uns erreichenden Informationen beachtet werden, punktet die am leichtesten und schnellsten zu verstehende. Es sind unter anderem folgende Vorteile, die für das **Bild** sprechen:

▸ Bild-Informationen behält unser Gedächtnis besser als sprachlich vermittelte.
▸ Bilder sind schneller abrufbar als verbale Informationen:
Um ein Bild mittlerer Komplexität wahrzunehmen und aufzunehmen, bedarf es ca. 2 Sekunden Zeit.
▸ Bilder versteht in der Regel jeder ohne Erklärungen und Hintergrundinformationen.

Werner Kroeber-Riel,
(1934 - 1995)
der Wirtschaftswissenschaftler gründete 1969 das Institut für Konsum- und Verhaltensforschung an der Universität des Saarlandes. Einen Namen machte er sich in der Marktforschung, die er mit den Mitteln der Verhaltenswissenschaft betrieb. Sein Standardwerk „Konsumentenverhalten" erschien 1975.

Lesetipp:
Werner Kroeber-Riel,
Bildkommunikation

Das Schema der Bildwahrnehmung

Unsere Bildwahrnehmung funktioniert wie ein permanenter Vergleich. In unserem Gedächtnis haben wir im Laufe der Zeit ganz bestimmte Bilder und **Schemata** gespeichert, so dass wir beim Betrachten eines neuen Bildes dieses sofort mit dem Inhalt unseres Bildspeichers vergleichen: Schon mal gesehen? Das sieht so ähnlich aus wie ... Dieser Abgleich verläuft automatisch und funktioniert mit standardisierten Bildinformationen. Wir suchen dabei stets nach typischen visuellen Merkmalen, um Bekanntes wiederzuerkennen bzw. neue Bildinformationen in unserem Speicher abzulegen.

Den Bildabgleich können wir uns wie ein Abtasten vorstellen: Unser Blick tastet ein Bild in unregelmäßigen Sprüngen ab. Er verweilt an bestimmten Punkten und an bestimmten Bildausschnitten (Fixationen), um dann schließlich schnell zum nächsten Punkt zu springen (Saccade). Pro Sekunde schaffen wir so ungefähr fünf Fixationen, die zusammen eine Sinneinheit, einen ganzen Sinneseindruck bilden.

Diese Art der Informationsaufnahme wird gedanklich kaum kontrolliert, sie ist ein automatischer Prozess. Nur die fixierten Bildbestandteile hinterlassen ein klares Abbild auf unserer Netzhaut: Alles Weitere erledigt unsere **Vorstellung**. Das bedeutet, dass wir tatsächlich nur Ausschnitte und Teile dessen sehen, was wir glauben zu sehen. Bei diesem Sehprozess werden die fixierten Sinneseindrücke durch unser Gehirn vervollständigt.

Bei ihren Untersuchungen haben Verhaltenswissenschaftler auch Folgendes festgestellt: Der Blickverlauf über eine bildhafte Darstellung ist bei den meisten Menschen innerhalb unseres Kulturkreises nahezu identisch. Es werden die gleichen Punkte fixiert, die Bilder werden nach dem gleichen Schema abgetastet.

Dabei ergeben sich ganz bestimmte Verhaltensweisen und Sehmuster: Wir nehmen Dinge, die wir wiedererkennen, die sich also bereits in unserem Bildspeicher befinden, **schneller** wahr, als Dinge, die wir noch nie gesehen haben. Außerdem nehmen wir Bilder, die uns persönlich berühren, viel schneller und stärker wahr als Bilder, die uns nicht emotional berühren. Und nicht zuletzt richten wir unser Augenmerk eher auf visuell aufregend gestaltete Bilder oder Objekte als eintönig oder monoton gestaltete. Ein gewisser Kick ist uns immer willkommen. Diese Erkenntnis sollte ein Mediengestalter stets im Hinterkopf haben.

Kick oder Klick?

Nachdem wir erfahren haben, wie wir ein Bild wahrnehmen, fragen wir uns nun, wie es aussehen muss, damit der Betrachter sich länger damit beschäftigt. Unsere Bildwahrnehmung spielt sich, grob gesagt, zwischen folgenden beiden Extremen ab. Trifft ein Bild genau unsere Erwartungen, ist es also schemakongruent, wird es sofort erkannt und in unsere bestehenden Vorstellungen und Bildspeicher eingeordnet. Diese Art der Wahrnehmung ist sehr schnell abgeschlossen und – das ist die Gefahr – dieses Bild wird unter Umständen sehr schnell wieder vergessen. Unsere Wahrnehmung funktioniert dabei nach dem Muster: gesehen, genickt und schnell abgehakt.

Stimmt ein Bild jedoch nicht mit unseren gespeicherten Schemata überein, wirkt die Darstellung kompliziert, konfus oder anstrengend. Bekommt der Betrachter keine klare Vorstellung, so wird sie als unangenehm empfunden und oft, das ist der schlimmste Fall, die Wahrnehmung abgebrochen.
Grundsätzlich gilt: Unser Blick wird immer dann angezogen, wenn Bilder inhaltlich interessant und relevant sind oder wenn sie uns durch ihre Gestaltung ein visuell positives Ereignis verschaffen. Darunter verstehen wir vor allem gute formale Qualität. Diese könnte durch eine interessante, spannungsvolle Bildkomposition oder ein so noch nicht gesehenes innovatives Zusammenfügen von bekannten Bildelementen entstehen.
Ein inhaltliches Ereignis dagegen erregt durch seinen Blickfang unsere Aufmerksamkeit. Das Bild hat eine starke emotionale Qualität und fordert uns auf diese Weise auf, genauer hinzuschauen.

(Bild)Reize mit Ereignischarakter haben grundsätzlich einen größeren Informationsgehalt. Denn ein **emotionales** Ereignis wird in jedem Falle unsere Aufmerksamkeit schneller und stärker erregen als eine gut gestaltete Abbildung, wenn uns das Thema nicht berührt.

Assoziationen

Die Bewertung unserer Sinneseindrücke erfolgt spontan, emotional und häufig, bevor wir überhaupt genau wissen, was wir eigentlich bewerten. Diese spontane Bewertung und das erste schematische Verständnis eines Bildes steuern das sich anschließende Wahrnehmungsverhalten. Es folgen assoziative Vorgänge, die nun zu einer tieferen Verarbeitung der aufgenommenen Informationen führen. Die letzte Stufe der Wahrnehmung bezeichnet man als Assoziation. Durch sie entstehen neue Bild- und Sprachkombinationen.

Auf der assoziativen Ebene können unter Umständen auch Vorstellungen ausgelöst werden, die nichts mehr mit der ursprünglichen Bildaussage zu tun haben. Speziell für negative Gedächtnisbilder oder Assoziationen, die spontan nach dem Betrachten einer Gestaltung entstanden sind, gilt, dass sie häufig eine starke Barriere beim Verständnis von Bildkommunikation darstellen.
Hier können wir als Gestalter viel falsch machen! Wenn wir für eine bestimmte Bildaussage oder Botschaft ein unserer Meinung nach passendes oder ästhetisches Bild gefunden haben, ist es unbedingt notwendig, zusätzlich andere Menschen nach der Wirkung zu befragen. **Fehlassoziationen** - also Eindrücke, die beim Gestalten nicht beabsichtigt waren - bleiben leider nur zu oft sehr gut im Hirn haften.

Bildgedächtnis

Es gibt sowohl eine bildliche als auch eine sprachliche Vorstellung. Dabei kann der sprachliche Code in den bildlichen und umgekehrt der bildliche in den sprachlichen Code übersetzt werden. Bestimmte Begrifflichkeiten werden nur sprachlich und andere nur bildlich codiert. So können abstrakte Worte wie zum Beispiel Glück oder Differenz von den meisten Menschen nur verbal codiert werden. Worte dagegen, die einen konkreten Sachverhalt beschreiben, zum Beispiel Sonnenaufgang, rufen sofort innere Bilder hervor und werden bildlich codiert. Daneben gibt es aber auch Begrifflichkeiten, die dual codiert, das heisst sowohl sprachlich als auch bildlich im Gehirn gespeichert werden. Konkrete Bilder wie zum Beispiel Apfelbaum werden so doppelt codiert, dass sie im Gedächtnis sowohl bildlich als auch sprachlich präsent sind.

Wichtig zu wissen ist, dass Bilder vor allen anderen Zeichen vom Gedächtnis am besten gespeichert werden. Wir können uns eine Unmenge von bildlichen Darstellungen merken und sie wiedererkennen. Übertroffen wird diese Gedächtnisleistung bei Bildern nur noch durch die Erinnerung an eigene Erfahrungen im direkten Umgang mit konkreten Objekten.

> **§ 9 Wir erinnern uns besser an reale Objekte als an ihre Abbildungen, an Bilder besser als an konkrete Wörter. Konkrete Wörter bleiben besser im Gedächtnis als abstrakte Wörter.**

Grundsätze

Nach der Beschäftigung mit der Rolle des Bildes in der Kommunikation können wir folgende Grundsätze zusammenfassen:

▸ Die Bildhaftigkeit gilt als **Schlüsselgröße** dafür, wie gut eine Information behalten werden kann, denn unser visuelles Gedächtnis hat kaum Kapazitätsgrenzen. Es werden jedoch nicht alle Bilder gleich gut behalten.

▸ Je intensiver die persönliche Ansprache, je stärker unsere emotionale Reaktion auf ein Bild ist und je mehr Assoziationen es hervorruft, desto höher ist die **Einprägsamkeit** eines Bildes. Denn Bilder, die eine emotionale Reaktion hervorrufen, prägen sich grundsätzlich besser ein als nüchtern wahrgenommene Bilder.

▸ Unabhängig von der Bildaussage gibt es formale Einflussgrößen, die die Gestaltung berücksichtigen kann, um eine höhere Einprägsamkeit zu erreichen. Eine Anordnung auf der Fläche ist elementar wichtig, d.h. der Betrachter muss geführt werden.

▸ Es sollte eine **klare Hierarchie** der einzelnen Objekte existieren und wichtige Bildelemente sollten prägnanter angeordnet sein als weniger wichtige Bildelemente.

▸ An dynamische Bildkompositionen erinnert man sich besser als an weniger dynamische.

Die Informationsarchitektur von Medien

(nach Wurman)

Bilder spielen in der Kommunikation eine große Rolle, doch meistens werden sie ergänzt, u.a. durch Grafiken, Musik oder Text. Zusammen liefern sie uns Information. Und die braucht Organisation, damit wir in der Datenfülle nicht den roten Faden zu verlieren.

Der amerikanische Architekt und Grafikdesigner **Richard Saul Wurman** (*1936) sah sich diesem Problem gegenüber. Er fragte sich, wie Informationen so aufzubereiten sind, dass sie den größtmöglichen Nutzen haben. Dafür ist ein System notwendig, das zum Beispiel Leser durch die Information führt. Um das zu erreichen, versetzte Wurman sich in die Situation, in der ein bestimmtes Medium genutzt wird.

So entwickelte er zum Beispiel einen Reiseführer, in dem er Informationen nach dem Kriterium platzierte, an welchem Ort sie gebraucht werden, und nicht, wie üblich, nach Chronologie oder Preisniveau. Auch setzte er Farben gezielt ein, damit der Leser die gesuchten Informationen schneller finden kann. Damit hatte Wurman eine Informationsarchitektur geschaffen. Sein Konzept stellte er Mitte der siebziger Jahre des letzten Jahrhunderts der Öffentlichkeit vor.

Informationen müssen also strukturiert werden, damit sie beim Empfänger ankommen. Dabei hat jedes Medium seine spezifisch eigene Struktur:

Ein Buch, das klassische Medium, ist anders aufgebaut als eine Website, und eine Radiosendung anders strukturiert als eine Sendung fürs Handy-TV. Das hat mit der unterschiedlichen Wahrnehmung dieser Medien zu tun - lesen, hören, sehen - aber auch mit der Situation, in der sie genutzt werden. So werden Bücher zum Beispiel anders wahrgenommen als Bügel-Fernsehen.

Um in den unterschiedlichen Medien auf sich aufmerksam zu machen, gilt es, zum einen ihre Informationsstruktur zu kennen und zu beachten und zum anderen über die Gewohnheiten ihrer jeweiligen Nutzer Bescheid zu wissen. Und die unterscheiden sich z.T. erheblich, wie die folgende Übersicht zeigt.

Klassische Printmedien

In Zeitschriften und Zeitungen wird die Information über Inhaltsverzeichnisse, Rubriken und Seitenzahlen organisiert und hierarchisch strukturiert. In der Regel folgt Seite für Seite. Auch die Texte auf den einzelnen Seiten sind übersichtlich gegliedert und folgen einem klaren Schema: Überschrift, Zwischenüberschrift, Copytext, Beifügung (Kasten) und Bildunterschriften. Beim Lesen gibt es bei klassischen Printmedien keine unmittelbare Präsenz von Alternativen: Wer sich in die Lektüre vertieft hat, der steckt tief drin. Die Umwelt übt in dem Moment keinen Reiz aus, so dass hier die Lesegeschwindigkeit hoch ist.

Radio und Fernsehen

Teaser und Trailer kündigen neue Serien an, Werbepausen unterbrechen einen Film – im Fernsehen wird Information ständig portioniert. Und im Radio ist es nicht viel anders. Die Vielfalt ist groß, denn permanent laufen Alternativen zum gerade gewählten Programm – per Knopfdruck auf die Fernbedienung kann man ganz schnell woanders sein. So liegt das Durchhaltevermögen bei Nichtinteresse an einer Sendung je nach Nutzergruppe altersabhängig zwischen 2 und 20 Minuten. Und außerdem werden beide Medien gerne nebenbei genutzt. Sei es, um tatsächlich zu bügeln, mit der Freundin zu quatschen oder eine SMS zu schreiben.

Internet

Das Internet ist durch ein riesiges, überwältigendes Angebot charakterisiert. Der Nutzer kann sich, Sprachkenntnisse vorausgesetzt, weltweit informieren. Auf den einzelnen Websites strukturieren Navigationsleisten, Buttons, Leitsysteme und Inhaltsverzeichnisse (Sitemaps) die Informationen. Auch geplante Touren mit zusätzlich eingebauten Hyperlinks gliedern die Information. Auswahlbuttons erleichtern dem User das Zurechtfinden auf der Site. Obwohl Suchdienste und Portale Informationen bündeln, ist Netzerfahrung gefragt, um sich zurechtzufinden. Hier ist ein kompetenter User gefordert, sich die Information selbst zu organisieren.

Ablenkung droht auch hier. Zum einen sind die Seiten durch Pop-ups und Banner in ständiger Bewegung, um Aufmerksamkeit zu erregen, und zum anderen locken eine Fülle von Links und einfach das Wissen um Millionen andere Sites zum Wegsurfen. Um so wichtiger ist es für den User, die gewünschte Information nach spätestens vier Mausklicks erreicht zu haben. Auch ist zu beachten, dass die Lesegeschwindigkeit am Monitor wesentlich niedriger ist als bei gedruckten Medien, so dass es sinnvoll ist, die angebotene Textmenge im Netz zu reduzieren.

Handys, Handhelds, hippe neue Medien

Ob Businessman oder Student, eins ist all den neuen Medien Handy, Handheld usw. gemeinsam: Sie können sie mitnehmen und sie sind, verglichen mit den herkömmlichen Medien, sehr klein. Und dennoch gibt es Werbung und Fernsehen dafür. Genutzt werden die Geräte vor allem zur Organisation und zur schnellen Information, d.h. die Spanne der Aufmerksamkeit ist kurz und der Platz für Information sehr klein. Außerdem droht immer Ablenkung, sei es durch den Referenten des Meetings oder das nächste Date.

Und zu guter Letzt müssen Mediengestalter zwei weitere Aspekte der Mediennutzung berücksichtigen, wie ihre Zielgruppe Medien nutzt. Tut die Zielgruppe es nebenbei, indem sie eine Zeitschrift nur durchblättert oder liest sie sie auch? Das Gleiche gilt für Fernsehen und Internet. Reinschauen oder zuschauen und surfen oder recherchieren sind hier die Alternativen. Und nicht zuletzt ist wichtig, ob die Zielgruppe **unterhalten** oder **informiert** werden möchte.

§ 10 Gutes und erfolgreiches Mediendesign entsteht vor allem daraus, dass menschliches Verhalten im Umgang mit den Medien erkannt wird und bewusst in die Gestaltungsarbeit einfließt.

Gliederung von Information – Latch

Um Information sinnvoll zu gliedern, hat Richard Wurman ein nützliches Modell entwickelt. Die fünf Punkte von Latch können als Checkliste bei der Aufbereitung von Informationen genutzt werden.

Informationen können gegliedert werden ...
- by **location** – durch den Ort: Steht die Information an dem Ort, an dem man sie erwartet?

- by **alphabet** – durch das Alphabet: Ist es sinnvoll, Informationen alphabetisch zu ordnen?

- by **time** – durch Zeit: Haben zeitliche Abläufe eine grafische Entsprechung?

- by **cathegory** – durch eine Kategorisierung: Welche Kategorien gibt es zur Gliederung?

- by **hierarchy** – durch Reihenfolge/Hierarchie: Sind wichtige Informationen von weniger wichtigen getrennt?

Abb. 156

Medienunabhängige Architektur

Wie wir gesehen haben, müssen Mediengestalter einerseits die Charakteristika der unterschiedlichen Medien und andererseits die spezifischen Gewohnheiten der Mediennutzer beachten. Darüber hinaus dürfen sie aber das Verbindende zwischen allen Medien nicht aus den Augen verlieren.

Hier finden Sie die wichtigsten Grundlagen der Informationsarchitektur, die ihnen dabei die Arbeit erleichtern können.

Wellen bilden

Zuallererst geht es immer darum, Aufmerksamkeit und Interesse zu wecken. Deshalb gilt: Nicht alles auf einmal kommunizieren, sondern Etappen und Wellen bilden.

▸ Die Menge der Information abwägen
  („Weniger ist mehr").

▸ Wirkliche Information bieten („keine heiße Luft").

▸ Immer damit rechnen, dass die Betrachter abwandern
  („sich selbst nicht so wichtig nehmen").

▸ Response und Rückfragen ermöglichen („Was meinen Sie dazu?").

Schwerpunkte bilden

Es gibt Wichtiges und nicht so Wichtiges, es gibt unterschiedliche Themen und Bereiche. Diese Gewichtung sollte sich in der Gliederung der Information wiederfinden.

▸ Thematische Gliederung (Politik, Kultur, Sport usw).

▸ Wie viel Platz (Seiten, Minuten) für was?

▸ Formale Gliederung (Aufmacher, Anmoderation, Artikel bzw. Beitrag, Zusatzinformation, Verweise auf Fortsetzung bzw. thematisch passende Beiträge usw.).

Bilder zeigen

Bilder fesseln und sind ideal als Blickfang oder können eine Textinformation hervorragend illustrieren.

▸ Wie viele Bilder sollen verwendet werden?

▸ Wie groß sind die Bilder?

▸ Welche Bildqualität haben sie?

Interaktion

Die große Chance unserer Medienkultur ist die Möglichkeit, den direkten Dialog mit dem Kunden und der Zielgruppe zu eröffnen, weshalb „Interaktion" von zentraler Bedeutung ist.

▸ Wie sieht der Feedback-Kanal in meinem Medium aus (Coupon/Telefon-Hotline/Fax/E-Mail/Antwortkarte usw.)?

▸ Wie schnell und aktuell ist die Kommunikation mit dem Kunden?

▸ Ist eine Veränderung/Aktualisierung der Struktur gut möglich?

Die zwei Hälften unseres Gehirns

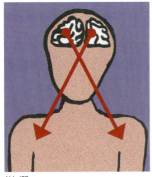

Abb. 157

Nichts geht ohne unser Gehirn, es ist die Schaltzentrale von Körper und Geist. Wir brauchen es in allen Lebenslagen – und wenn wir gestalten und kreativ sein wollen, dann brauchen wir es ganz: Wir setzen beide Hirnhälften ein, um neue Ideen zu entwickeln und ausgelatschte Pfade zu verlassen. Deshalb gilt für jede kreative Arbeit: Nimm beide Hälften!

Wie also funktioniert unser Gehirn bei der Strategieplanung oder beim Ausspinnen von neuen Gestaltungsideen? Das lässt sich hervorragend mit dem dualen Modell der Wahrnehmung erläutern. Doch Achtung, unsere Erklärungen beruhen nicht auf einem medizinisch verbindlichen Modell aus den Erkenntnissen moderner Hirnforschung! Sie sollen lediglich gestalterische Zusammenhänge verständlich machen.

Unser Gehirn besteht aus einer **linken** und einer **rechten** Hälfte, dabei sind die Nervenbahnen überkreuz verknüpft. Das heißt: Die linke Hälfte steuert die rechte Seite des Körpers und die rechte Gehirnhälfte die linke Seite des Körpers. Dabei ist die linke Hälfte die dominantere: Bei etwa 98 % aller Rechtshänder und immerhin bei 2/3 aller Linkshänder liegt das Sprachzentrum auf der linken Seite des Gehirns – und gerade Sprache und Sprechen sind sehr eng mit unserem Denkvermögen verknüpft.

Beide Gehirnhälften sind miteinander verbunden und befinden sich so in permanenter **Kommunikation** miteinander. Und das ist der eigentliche Geniestreich: Beide Hälften zusammen ermöglichen hochkomplexe gedankliche Prozesse. Denn beide sind unterschiedlich spezialisiert und ausgebildet – und ergänzen sich gegenseitig ideal.

Aus der Zweiteilung unseres Gehirns lässt sich auch das dualistische Prinzip unserer Welterkenntnis ableiten. **Denken und Fühlen**, rational und emotional, objektiv und subjektiv – dahinter stehen jeweils unsere unterschiedlich ausgeprägten Gehirnhälften. Man kann sogar behaupten, dass wir zwei völlig verschiedene Arten von Wahrnehmung haben, die rechte Art und die linke Art. Beide Seiten werden erst zu einem Gesamteindruck ergänzt. Betrachten wir das einmal näher: Viele Entscheidungen treffen wir spontan und nach Gefühl, „aus dem Bauch heraus". Nicht die sorgfältige Analyse oder ein rationaler

Erkenntnisprozess leiten uns dabei, sondern unser Gefühl. Dahinter steht natürlich unser Gehirn. Die zwei verschiedenen Wahrnehmungen beider Gehirnhälften vermitteln uns zwei unterschiedliche Sehweisen des gerade betrachteten Problems und liefern einen diffusen Gesamteindruck. Und dann ist eben unser **Bauchgefühl** gefragt ...

Abb. 158

Hier wird gleichzeitig verbal und nonverbal kommuniziert.

Bei der Informationsverarbeitung arbeiten beide Gehirnhälften jedoch unabhängig voneinander, beide Seiten speichern ihre individuelle Sinneswahrnehmung ab. Bei bestimmten Aufgaben erscheint uns die eine Seite kompetenter und bei anderen die andere. So teilen sich die beiden Gehirnhälften komplexe Aufgaben, so dass jede Hälfte ihre Fähigkeiten einbringt oder aber die eine Hälfte dominiert und führt. Welche Gehirnhälfte eine bestimmte Aufgabe übernimmt bzw. einen Prozess steuert, hängt von der jeweiligen Motivation und auch von der Schnelligkeit der Gehirnhälfte ab.

Doch ganz so neutral geht es meistens doch nicht zu: In unserer Gesellschaft dominiert normalerweise klar die rational-analytische Seite. Fakten sind allemal wichtiger als das Gefühl. Deshalb plädieren wir an dieser Stelle ganz energisch für die Stärkung der rechten Seite des Gehirns: Mehr Phantasie, mehr Traum, mehr Vorstellungskraft können uns nicht schaden. Ob in der Schule oder im Beruf – wechseln Sie öfter mal die Seiten!

Die rechte und die linke Seite

Unser Gehirn funktioniert im Zusammenspiel beider Gehirnhälften. Dennoch ist es möglich, beiden Hälften unterschiedliche Fähigkeiten und Funktionsweisen zuzuordnen, die häufig Gegensatzpaare bilden:

▸ **systematisch vs. ganzheitlich**

Während die linke Hälfte ein Problem systematisch angeht, erfasst die rechte Gehirnhälfte alles auf einmal und nimmt durchgehende Strukturen wahr.

▸ **abstrakt vs. konkret**

Links wählt einen kleinen Teil des wahrgenommenen Ganzen zur Beschreibung der Gesamtheit. Rechts dagegen beschäftigt sich mit konkreten Inhalten.

▸ **analytisch vs. synthetisch**

Die linke Hälfte gliedert die Wahrnehmung Schritt für Schritt und zieht Schlüsse auf der Basis von logischen Gesetzen, die rechte fügt im Gegensatz dazu die einzelnen Wahrnehmungen zu einem Gesamteindruck zusammen.

▸ **rational vs. intuitiv**

Auf der Grundlage von Erkenntnissen zieht die linke Gehirnhälfte Schlussfolgerungen, während die rechte vorhandene Lücken aufgrund von plötzlichen und spontanen Eingebungen schließt.

▸ **linear vs. räumlich**

Die linke Hälfte kann Gedanken miteinander verketten, die rechte dagegen sieht Dinge im Verhältnis zu anderen Dingen und Teile im Verhältnis zum Ganzen. Räumliche Orientierung ist so nur mit Hilfe der rechten Gehirnhälfte möglich.

▸ **verbal vs. nonverbal**

Auf der linken Seite sind Wörter zur Beschreibung eines Sachverhalts nötig, während sich die rechte Seite durch Gefühl und Intuition artikuliert.

▸ **zeitlich vs. zeitlos**

Die linke Hirnhälfte achtet auf Reihenfolge, die rechte Gehirnhälfte jedoch verfügt über kein Zeitgefühl.

> § 11 Wir haben zwei Gehirnhälften, nutzen wir sie bewusst. Insbesondere die rechte Seite sollten wir intensiv und häufig trainieren, denn sie liefert uns Bilder, Phantasie und Vorstellungskraft. Gerade das brauchen wir für das kreative Gestalten.

Übungen „Hirnhemisphäre"

1. Vasenbild zeichnen

Diese Übung stammt aus dem Lehrbuch „Garantiert Zeichnen lernen" von Betty Edwards. Sie ist gut geeignet, den Prozess des bewussten Wechselns zwischen der linken und rechten Gehirnhälfte zu trainieren.

Also, los geht's! Zeichnen Sie zunächst in ein quadratisches Format von ca. 5 cm Kantenlänge ein vereinfachtes Gesicht im Profil, ganz einfach ohne Details, aus der Vorstellung (vgl. Abb. 085, S.58). Das machen Sie mit „links", also der linken Gehirnhälfte.

Nun versuchen Sie, ein zweites Gesicht zu zeichnen, und zwar spiegelverkehrt zum ersten. Sie werden feststellen, dass Sie nun, um das zweite Gesicht wirklich spiegelverkehrt zu zeichnen, ganz genau hinschauen und eigentlich kein Gesicht mehr zeichnen, sondern nur noch damit beschäftigt sind, Linie und Proportion des ersten Gesichts gespiegelt zu wiederholen. Jetzt hat Ihre rechte Hälfte gearbeitet.

2. Vorstellungskraft trainieren

Unsere zweite Übung erinnert etwas an Meditieren. Versuchen Sie es einmal! Es hilft Ihrer Vorstellungskraft und aktiviert Ihre rechte Gehirnhälfte.

Lehnen Sie sich zurück, schließen Sie die Augen und stellen Sie sich ein Quadrat vor. In diesem Quadrat liegt unten in der Mitte eine schwarze Kugel. Diese beginnt jetzt diagonal nach oben zu fliegen und trifft gegen die Innenkante des Quadrats, prallt (Einfallswinkel = Ausfallswinkel) ab und fliegt weiter bis zur nächsten Kante und prallt wieder ab usw. Lassen Sie die Kugel eine Weile fliegen und abprallen und steigern Sie nun langsam die Geschwindigkeit. Jetzt stellen Sie sich vor, dass die Kugel aus Gummi ist und sich jedes Mal beim Aufprall leicht verformt. Bitte wieder eine Weile fliegen lassen ... und die Geschwindigkeit steigern. Jetzt passiert etwas Bemerkenswertes: Die Kugel verwandelt sich in einen Frosch, der im Quadrat springt. Stellen Sie sich vor, wie er jedes Mal an der Wand ankommt und sich weiterbewegt. Und springen lassen und schneller ... ■

Lesetipp:
Betty Edwards,
Garantiert Zeichnen lernen

Interaktivität
in den
7
Medien

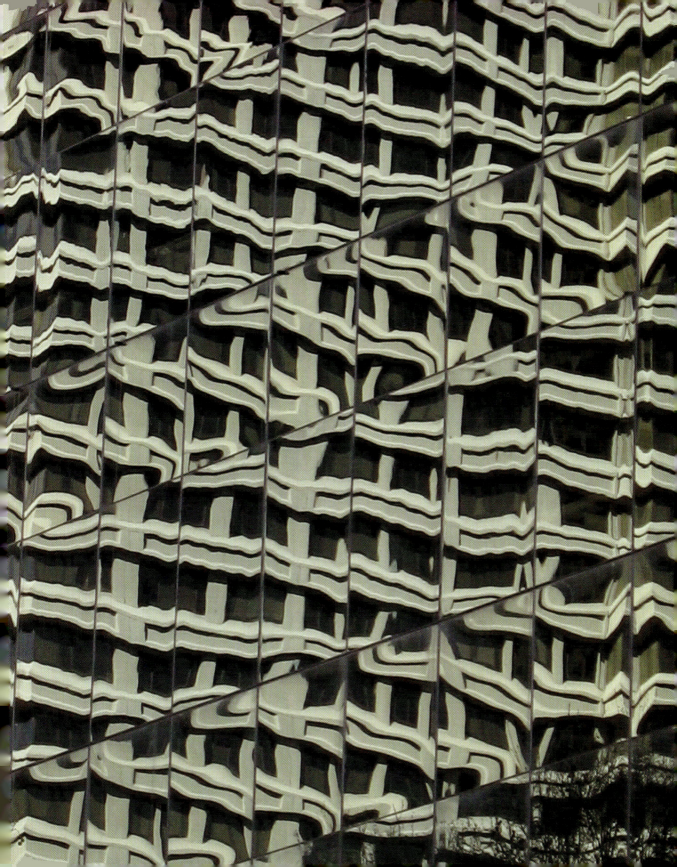

INTERAKTIVITÄT IN DEN MEDIEN

Interaktivität – was ist das?

In Kapitel 7:

▸ Was ist Interaktivität?

▸ Welche Chancen bietet Interaktivität in der Kommunikation?

▸ Wie kann ich sie in der Mediengestaltung optimal nutzen?

Interaktivität? Das ist ein Schlagwort, das so neu auch nicht mehr ist. Dennoch wollen wir uns hier damit beschäftigen, denn gerade ein Mediengestalter kommt gar nicht drum herum um die Interaktivität.

Wenn wir in der Buchhandlung einkaufen, ein Lehrbuch zum Beispiel, sind wir dann interaktiv? Oder wenn wir bei unserem Lieblingsradio anrufen, um eine Quizfrage zu beantworten, ist das schon interaktiv? Oder ist es nur aktiv? Natürlich ist auch das interaktiv, denn das Wort bedeutet wechselseitiges Handeln.

Bei unserer Definition von Interaktivität geht es jedoch darum, das Gewünschte nach **eigenen Bedürfnissen** zusammenzustellen und aus vielen Möglichkeiten auszuwählen. So bekommt der Mediennutzer ein eigenes, individuelles Programm, das in dieser Form sonst niemand hat. Damit mutiert der passive Konsument zum aktiven Nutzer, emanzipiert sich von der vorgegebenen Struktur und wird zum eigentlichen Bestimmer des Mediums.

Mit einigem Recht können wir also behaupten, dass wir es mit einem Umbruch in der Mediengeschichte zu tun haben, wenn wir von Interaktivität sprechen. Wir sitzen vor dem Fernseher und bestimmen selbst, welchen Film wir nach der Sportschau sehen wollen. Legen wir lieber eine DVD ein, können wir wählen, in welcher Sprache und mit welchen Untertiteln wir den Film sehen wollen, bei manchen Filmen ist sogar das Hin- und Herspringen zwischen verschiedenen Kameraperspektiven möglich. Ähnliches gilt auch für Musik, bei der wir die Abspielreihenfolge bestimmen können, sei es auf CD oder MP3-Player – alles interaktiv.

Das Internet

Doch das interaktive Medium schlechthin ist das Internet. Hier kann man aus unendlich vielen Datenbanken etwas nach seinen Bedürfnissen zusammenstellen. Firmen nutzen das Internet, um per E-Mail oder über Foren mit ihren

Kunden in Kontakt zu treten. Manche Unternehmen binden diese aktiv in ihre Verkaufsstrategie ein, wie zum Beispiel der Online-Händler Amazon. Leser können für andere Leser Buchrezensionen schreiben und Leselisten ins Netz stellen, die immer dann verlinkt sind, wenn Surfer eines der Bücher auf der Liste angeklickt haben. So bekommt jeder potentielle Kunde eine individuell auf ihn zugeschnittene Werbung. Und wenn das Buch dann gelesen ist, kann man es gleich wieder über Amazon verkaufen - rundum interaktiv also.

Das Internet ist inzwischen zum Massenmedium geworden, was ein paar Zahlen eindrucksvoll belegen. Aus der ARD/ZDF-Online-Studie geht hervor, dass 2007 in Deutschland bereits 40,8 Millionen Menschen ab 14 Jahren Zugang zum Internet hatten, das sind 62,7 Prozent. Was besonders beeindruckt: Seit 1997, also in 10 Jahren, ist die Zahl der User etwa um das Zehnfache gestiegen. Damals waren es 6,5 Prozent. Das Fernsehen übrigens hat viel länger gebraucht, bis es eine so große Verbreitung hatte.

Web 2.0 – ein neues Internet?

Als Inbegriff für Interaktivität par excellence gilt das so genannte Web 2.0, ein Begriff, der seit 2005 in der Welt ist. Im Web 2.0 schlägt die Stunde der Amateure, die selbst erstellte Inhalte auf entsprechende Seiten stellen können, sofern sie über einen PC und die entsprechende Software verfügen. Und jeder andere User überall auf der Welt kann diese Inhalte ansehen, herunterladen und häufig auch kommentieren.

Sei es, dass auf MySpace das neueste Video von der Nachbarin im Pool ausgestellt wird oder auf Flickr die Fotos von der letzten Party vor den Semesterferien - die Inhalte kommen nicht von Firmen, sondern von den Usern selbst. Das gilt auch für selbst gemachte Radiosendungen, die der ambitioniertere User als Podcast ins Netz stellt, oder für die Möglichkeit, ein Tagebuch im Netz zu veröffentlichen. Text, Foto, Video, Musik, beim Weblog ist jedes Mittel recht, um Mit-User über den eigenen Alltag zu informieren oder ein bestimmtes Thema zu diskutieren.

Und warum das alles? Interessiert es uns wirklich, was Melanie M. aus Müllheim zu Mittag gegessen hat bzw. wie weit der Schwager des Nachbarn beim Hausbau in der nächstgrößeren Stadt ist? Es ist der Hunger nach Aufmerksamkeit, wie es ein Blogger einmal freimütig auf den Punkt gebracht hat.

Auf Aufmerksamkeit zielen auch Firmen, die Blogs für ihre Kommunikation nutzen. Corporate Blogs können unterschiedlich eingesetzt werden, nicht nur intern bei der Projektarbeit. Im Kontakt mit Kunden dienen sie als Instrument der Kommunikation und sollten als solches auch eindeutig durch ein Firmenlogo gekennzeichnet sein.

Und jeder kann mit jedem. Jeder kann (theoretisch) mit jedem User dieser Welt, der vor dem Bildschirm hockt, kommunizieren. Das machen sich soziale Netzwerke im Internet zunutze, wie zum Beispiel Xing. Bei dieser Business-Plattform kommt es darauf an, in möglichst kurzer Zeit möglichst viele Kontakte zu knüpfen, um sie geschäftlich zu nutzen. Und das funktioniert inzwischen auch Länder übergreifend.

Geld im Web 2.0

Auch wenn manche davon träumen, das Web 2.0 ist keine Oase von frei sich bewegenden Usern ohne jedes kommerzielle Interesse. Auch hier soll kräftig Geld verdient werden. Das zeigt sich schon daran, dass große Konzerne Plattformen wie MySpace oder Flickr oder das Studentennetzwerk StudiVZ für viel Geld kaufen, nachdem sie von meist jungen Bastlern atemberaubend schnell aufgebaut wurden. Denn wo sonst finden sich an einem Ort so viele Menschen mit ähnlichen Interessen, denen Firmen gezielt ihre Produkte oder Dienstleistungen anbieten können.

Mediengestaltung interaktiv

Wie wir also gesehen haben, ist fast jeder inzwischen interaktiv. Wenn der User sich sein Menü oder den Datenmix selbst zusammenstellt, ist das auch eine Herausforderung für die Mediengestaltung. In die Kommunikationsstrategie müssen nicht nur interaktive Medien einbezogen werden, sondern es müssen auch die besonderen Anforderungen an ihre Gestaltung berücksichtigt werden. Das heißt für die Gestaltung: **professionell arbeiten**. Denn gerade ein versierter User, der selbst Inhalte ins Netz stellt und sich auf vielen Seiten tummelt, erwartet eine leicht verständliche Struktur der Site und eine gute Benutzerführung.

Bereits jeder fünfte Deutsche stellte 2007 private Informationen ins Netz, bei den jungen Usern zwischen 14 und 29 war es schon jeder zweite.

Content und Community

Es gilt also, Content und Community intelligent zu verknüpfen. Für die Arbeit des Mediengestalters bedeutet das, das Internet von vorneherein mit in die Konzeption einzubeziehen und das Konzept online-tauglich zu machen. Dabei darf er jedoch die anderen Medien nicht aus den Augen verlieren.

Am Erfolg versprechendsten wird das Internet genutzt, wenn verschiedene Medien **verknüpft** sind und es jeweils Verweise auf die anderen Angebote gibt. Selbstverständlich muss auch beim Online-Auftritt die Corporate Identity des Unternehmens gewahrt bleiben.

Damit sich ein „interaktiver User" angesprochen fühlt, reicht es für Firmen nicht mehr, Internetseiten ausschließlich zur Selbstdarstellung zu nutzen. Das Ziel muss sein, die Plattformen auch für die Präsentation der User zu nutzen. Das hat Vorteile für den Anbieter. Je länger sich ein potentieller Kunde auf der Site aufhält, je mehr Möglichkeiten er hat, sich zu informieren, zu spielen, selbst aktiv zu werden, indem er zum Beispiel Produkte beurteilt oder eigene Inhalte einstellt, desto mehr erfährt das Unternehmen über seinen Kunden und kann ihm so maßgeschneiderte Angebote machen.

Aller eigenen Aktivität und damit Interaktivität zum Trotz, der Hauptgrund, ins Internet zu gehen, ist immer noch die **gezielt gesuchte Information**. Was ist aktuell, welche Reise am günstigsten, wo bekomme ich spezielle Software, diese Fragen stehen im Vordergrund. Erst dann kommen planloses Surfen und das Kommunizieren und der Austausch mit anderen. So kann man von folgender Faustformel für eine gute Seite ausgehen: Sie muss aktuelle Information enthalten und gut unterhalten.

Nichts geht ohne Struktur

Und bei alledem ist es die wichtigste Aufgabe des Web-Gestalters, Orientierung zu schaffen und die Seite klar zu strukturieren. Übersicht ist alles, niemand hat Lust, sich lange zu überlegen, wo er was findet. Außerdem gilt es, den Surfer so lange wie möglich auf der Site zu halten. Denn je länger er sich dort aufhält, desto mehr Informationen erhält man über ihn. Um das zu erreichen, eignen sich zum Beispiel Newsletter und Weblogs, sie erhöhen die Attraktivität der Site und bauen ihre Interaktivität aus.

Die Zielgruppe im Internet

Wie immer rufen wir auch hier dazu auf, die Zielgruppe nicht aus dem Blick zu verlieren. Das ist beim Internet **besonders wichtig**, denn kein anderes Medium wird so unterschiedlich genutzt wie das Internet. Die Bedürfnisse sind viel stärker individualisiert. Online sein ist mehr als Knopf drücken, zappen und berieseln lassen wie beim Fernsehen.

Ein sechzehnjähriger Schüler nutzt das Web sehr viel anders als seine 60-jährige Lehrerin. Das fängt schon bei der Präsenz an: Während fast alle Altersgenossen des Jungen sich im Web tummeln, findet die Lehrerin nur einen Bruchteil ihrer Altersgruppe dort. Videos, Spiele und MP3-Dateien interessieren den Schüler mehr, während seine Lehrerin eher die Bahnauskunft sucht und Preisvergleiche für einen Rasenmäher braucht. Mehr als bei den anderen Medien kommt es im Internet darauf an, Kunden richtig anzusprechen.

Außerdem sind nicht alle da. Der typische Onliner ist immer noch männlich, jung, gut ausgebildet und berufstätig. Besonders Menschen, die nicht (mehr) arbeiten, älter als 60 und weiblich sind und eine so genannte niedrigere Formalbildung haben, finden sich seltener im Netz als andere.

Und was noch hinzukommt: Wie interaktiv ist meine Zielgruppe wirklich? Ein eigenes Programm entwerfen und selbst Inhalte ins Netz stellen, das macht vor allen Dingen Jüngeren Spaß. Je älter die User werden, desto mehr beschränken sie ihre Besuche im Netz auf Information. Daher sollten Sie sich ganz besonders beim Einsatz von interaktiven Elementen in der Kommunikation fragen: Welche Elemente nutzt auch meine Zielgruppe?

Der Aufbau einer Webseite

Damit sich User möglichst schnell auf der Site zurechtfinden, ist es sinnvoll, sich beim Aufbau an der heute üblichen Struktur zu orientieren. Links findet man das Menü, während oben ein Banner mit dem Logo darauf hinweist, mit welcher Firma wir es zu tun haben. Daneben gibt es einen Bereich, der den Content, also Inhalt, der Seite auflistet. Wer nun auf einen Menüpunkt klickt, findet eine weitere Unterteilung oder stößt direkt zum Content vor.

Bevor man loslegt mit Konzept und Programmierung einer Website, sollten folgende Fragen geklärt sein.

Was will das Unternehmen mit der Website erreichen? Soll es nur vorgestellt und seine Markenbekanntheit erhöht werden oder wird über einen Online-Shop verkauft? Am besten ist es hierfür, gleich am Anfang der Planung die Site in Kategorien einzuteilen, um eine grobe Struktur zu schaffen. Damit wird auch das eigene Leistungsprofil klar und zudem offensichtlich, wie viel Zeit und Personal für die Aufgabe notwendig sind.

Für wen ist die Seite gemacht? Unser Hauptansprechpartner, die Zielgruppe kommt hier wieder ins Spiel. Wer soll die Site ansehen, was soll er hier tun? Wodurch zeichnet sich der gewünschte User aus, wie alt ist er, welche Interessen hat er, wie nutzt er das Internet? Je mehr wir über unsere Zielgruppe wissen, desto besser können wir das Angebot auf sie abstimmen.

Wie gestalte ich die Website und was darf ich auf keinen Fall vergessen? Unsere Seite ist nicht die erste, auf die der Surfer kommt. Er vergleicht seine Erfahrungen mit unserem Angebot. Deshalb muss zunächst die Technik stimmen: Lange Wartezeiten, umständliche Log-ins und Bestellverfahren schrecken potentielle Kunden ab. Wer weiß, wie die Waren sind, wenn schon die Website nicht stimmt. Von der Geduld, die sie meistens nicht haben, einmal abgesehen.

Was ist der **Nutzen** der Site? Versetzen Sie sich in die Perspektive des Users und überlegen Sie: Was würde ich erwarten, wenn ich Kunde wäre? Dann wird schnell klar, was gewünscht ist. Individueller Service und die Kenntnis der Kundenbedürfnisse sind das, was zählt. Außerdem nicht unwichtig: schnelle und einfache Benutzerführung und hohe Treffsicherheit bei der Suchfunktion. Häufig angeklickt werden auch Links zu anderen Bereichen des Unternehmens oder evtuell zu Angeboten mit ihm verbundener Partner.

Und nicht zuletzt sollte die Frage geklärt werden: Wer ist für was zuständig? Es ist sinnvoll, die Verantwortung für Design und Inhalt zu trennen, damit jeder das macht, was er am besten kann. Trotzdem sollte der Hauptverantwortliche sich in beiden Bereichen auskennen, damit er entsprechend kompetent entscheiden kann.

Schöner lesen

Und last but not least: Vergessen wir nicht, Lesen ist immer noch die wichtigste Kulturkompetenz im Netz. Das bedeutet für den Text: Er muss an das Internet angepasst sein. Es ist ein schnelles und **flüchtiges** Medium. Kurze Sätze, kurze Absätze und kurze Texte sind wichtig. Niemand möchte beim Scrollen durch endlose Wortwüsten einen steifen Finger bekommen. Außerdem gilt: wenige Fremdwörter, viele Bilder und nicht zu ernst. Die Texte, Nachrichten oder Produktbeschreibungen sollen leicht verständlich sein, schnell informieren und nur das Wesentliche enthalten. Denn mit einem Klick ist der User schon woanders, wenn er sich langweilt.

Fazit: Fassen wir noch einmal zusammen. Wir können das Internet bewusst in unser Kampagnenkonzept einbauen, wenn wir seine Besonderheiten nutzen. Bei der Gestaltung im Web müssen wir dabei dessen wichtigste Parameter im Hinterkopf behalten: Orientierung, Nutzen, Aktualität und Unterhaltung. Wenn es sinnvoll genutzt werden soll, müssen dabei außerdem Regeln berücksichtigt werden, die Sie in der folgenden Checkliste zusammengefasst finden.

Checkliste Internet

▸ Bauen Sie das Internet in ihr Konzept ein und machen sie dieses online-tauglich!

▸ Geben Sie dem User Gelegenheit, selbst aktiv zu werden auf Ihrer Plattform! So erfahren Sie viel über Ihre potentiellen Kunden.

▸ Beachten Sie: Die Website muss immer aktuell sein und gleichzeitig unterhalten!

▸ Strukturieren Sie die Site klar und übersichtlich!

▸ Überlegen Sie sich sehr genau, wer Ihre Zielgruppe ist und welche Bedürfnisse sie hat! Die Nutzungsgewohnheiten im Internet sind sehr unterschiedlich.

▸ Orientieren Sie sich beim Aufbau an der üblichen Struktur: links das Menü, oben Banner mit Logo und Slogan sowie die Übersicht über den Content.

▸ Berücksichtigen Sie auch die technischen Anforderungen an die Site! Lange Wartezeiten und unübersichtliche Formulare schrecken ab.

▸ Außerdem wichtig: eine schnelle und einfache Benutzerführung und eine hohe Treffsicherheit bei der Suchfunktion.

▸ In der Kürze liegt die Würze, wenn es um den Text geht. Auch sollte er leicht verständlich sein und schnell informieren.

Abb. 159

Prakti-sches Gestalten

2. Teil

Abb. 160

Konzeption

KONZEPTION

Grundlagen der Konzeption

In Kapitel 8:

- ▸ Was ist ein gutes Konzept?
- ▸ Wie finde ich eine gute Konzeptidee?
- ▸ Welche Rolle spielen dabei Produktnutzen, Image und Marke?

Am Anfang steht immer ein Konzept. Das ist nötig, damit Gestaltung erfolgreich ist. Denn Design ist kein gestalterischer Wert an sich, sondern es funktioniert erst im Zusammenwirken mit einem Konzept, das systematisch durchgezogen wird. Dabei müssen dessen Elemente und Botschaften einen Wiedererkennungswert haben und außerdem in allen Medien – Print, Funk, TV, Internet – funktionieren. Ein gutes Konzept verbindet immer Strategie und Kreativität auf optimale Weise.

Aber keine Angst, das Entwickeln eines Konzeptes kann man lernen. Wir fangen gleich damit an. Grundlage eines guten Konzeptes sind immer die Antworten auf die sieben W-Fragen, die wir als roten Faden verwenden. Bevor es mit der eigentlichen kreativen Arbeit losgeht, befassen sich die ersten drei Fragen mit der Analyse: Wer (= wer?) ist der Sender der Botschaft (= was?) und an wen (= für wen?) richtet er sie?

Lesetipp:
Dieter Urban,
Die Kampagne

Der Sender: Wer?

Die Analyse beginnt mit dem Absender der Botschaft: Wer ist der Sender der Information? In der alltäglichen Praxis ist das in der Regel ein Unternehmen oder eine Organisation: Welche Informationen gibt es darüber? Wie sieht die bisherige Kommunikation aus, welche Strategie wurde verfolgt? Was bietet dieses Unternehmen an, welcher Kundennutzen verbindet sich damit? Was ist das Ziel der Kommunikation? Welche Kultur nach innen und nach außen wird vertreten, welche Gefühle und Emotionen sind mit dem Absender verbunden? Welcher Etat steht zur Verfügung?

Je mehr **Informationen** man über den Sender einer Botschaft hat, desto besser ist man in der Lage, ein passendes Konzept zu entwickeln. Sinnvoll ist es, sämtliche relevanten Informationen aufzuschreiben.

Die Botschaft: Was?

Wie lautet die Nachricht, die der Sender zum Empfänger transportieren will? Was will die Firma, die Organisation sagen, was ist ihre Botschaft? Eine auf den ersten Blick scheinbar banale Frage. Aber schauen Sie unbedingt genauer hin: „Wir wollen eben mehr verkaufen!" heißt es oft aus der Werbeabteilung der Unternehmen. Aber ist das wirklich die Botschaft?

Um sich der **Kernaussage** zu nähern, können Sie sich an folgenden Fragen orientieren. Handelt es sich bei der Botschaft um einen rationalen oder emotionalen Appell? Soll mehr verkauft werden oder soll mehr Bewusstsein für ein nicht kommerzielles Anliegen geschaffen werden? Kann der Nutzen für den Kunden augenfällig gezeigt werden? Ist das Produkt, die Dienstleistung, eine Verbesserung im Vergleich zur Konkurrenz? Handelt es sich bei der Botschaft um einen Appell an den Gewissensmenschen? Geht es um ethische Werte, wie zum Beispiel sparsamer und schonender Umgang mit der Umwelt, oder steht eindeutig der ökonomische Vorteil des Kunden im Vordergrund? Handelt es sich bei der Kommunikation um die Orientierung an Status- oder Prestigeleitbildern?

Allein dieser kleine Fragenkatalog macht deutlich, wie unterschiedlich Botschaften sein können. Sicher fallen Ihnen selbst noch viele Fragen ein, um die Botschaft Ihrer Kommunikation einzugrenzen. Um die passende Botschaft zu finden, gibt es eine ganz einfache Regel: **Formulieren** Sie die Kernaussage der Kommunikation in einem einzigen Satz! Und noch ein Tipp: Vermeiden Sie das „und", begnügen Sie sich mit einer Kernaussage. Das ist einfacher gesagt als wirklich getan: Aber die Anstrengung lohnt sich. Denn dieser eine Satz wird Ihr Sprungbrett für verständliche und erfolgreiche Kommunikation.

> **§ 12 Formulieren Sie die Kernaussage der Kommunikation in einem einzigen Satz. Denn je klarer sie ist, desto einprägsamer ist sie.**

Die Zielgruppe: Für Wen?

Kommunikation richtet sich immer an jemanden – die Zielgruppe. Aber sie sollte sich niemals an alle richten, denn es gibt immer eine Kernzielgruppe. Und die steht klar im Zentrum der Kommunikation.

Eine Zielgruppe kann verschiedenartig beschrieben und gefasst werden, zum Beispiel so, wie es die klassische Marktforschung macht. Sie unterscheidet nach Alter, Bildung, Beruf, sozialer Stellung oder regional nach Land, Stadt und Wohnort. Über diese Einteilung hinaus wird inzwischen ein neuer Trend deutlich: Aus den Zielgruppen der klassischen Marktforschung werden zunehmend **Stilgruppen**. Deren Mitglieder verbinden ähnliche Interessen, Vorlieben und Lebensstile, die unabhängig sind von Einkommen, Geschlecht und Alter.

Darüber hinaus können weitere Fragen an die Zielgruppe gestellt werden: Sind deren Mitglieder vorinformierte, motivierte, interessierte oder kommunikativ engagierte Menschen? Haben sie eine bestimmte Vorbildung? Kann man also in der Kommunikation bestimmte Inhalte voraussetzen? Eine ganz zentrale Frage lautet: Was soll die angesprochene Zielgruppe fühlen, was soll sie denken und wie soll sie auf die Kommunikation reagieren und wie handeln?

Um sich ein möglichst genaues Bild von der Zielgruppe machen zu können, hilft Ihnen folgender Tipp: Stellen Sie sich eine konkrete Person aus Ihrer Zielgruppe vor und machen Sie sich ein Bild von ihr: Alter, Bildung, Beruf, Stadt/Land usw. Dann stellen Sie Fragen an die Person: Wie lebt sie, was macht sie in ihrer Freizeit, wo macht sie Urlaub? Wenn Sie alle diese Fragen beantwortet haben, beginnen Sie für diese Person ein Konzept zu erstellen.

Dabei ist es eine Herausforderung, den Stil und die Überzeugungen einer Gruppe zu treffen. Wenn das klappt, entsteht dabei im Idealfall ein Zusammengehörigkeitsgefühl zwischen Sender und Empfänger, das heisst zwischen Unternehmen und Kunden, und damit eine große Aufgeschlossenheit, die kommunizierten Produkte zu kaufen.

Die Konzeptidee: Wie?

Die Botschaft steht, die Zielgruppe ist definiert und die Absicht des Senders ist klar – jetzt erst beginnt die eigentliche Kreativarbeit. Deren Ziel ist es, die Botschaft in ein Konzept umzusetzen, das die Absicht des Senders transportiert und die Zielgruppe erreicht.

Hier gilt es nun, eine tragfähige **Idee** zu finden, eine Idee, mit der sich die beschriebene Botschaft auch wirklich kommunizieren lässt. Sie sollte sich außerdem noch weiterentwickeln lassen und in vielen Varianten möglichst lange funktionieren können. Gut sind **einfache** Ideen (siehe auch S. 150ff.).

Auch hier stellen wir uns einen ganzen Katalog von Fragen, um so exakt und effektiv wie möglich zu arbeiten.

Wie ist die **Reihenfolge** der Informationen? In welcher Hierarchie treten sie auf? Welche Informationen sind für die Zielgruppe wie wichtig, welche sind weniger wichtig? Muss die Zielgruppe aktiviert oder informiert werden? Welche Inhalte werden voraussichtlich im Gedächtnis der Zielgruppe haften bleiben? Wie erreiche ich Aufmerksamkeit und Interesse der Zielgruppe? Wie bekomme ich sie dazu, im Sinne der Botschaft zu handeln?

Abschließend können Sie Ihr Konzept mit der klassischen **AIDA-Formel** überprüfen.

A   wie Attention (= Aufmerksamkeit)
I   wie Interest (= Interesse)
D   wie Desire (= Wunsch)
A   wie Action (= Handeln)

Bei der AIDA-Analyse steht die Zielgruppe ganz im Mittelpunkt. Werde ich ihre Aufmerksamkeit (A) bekommen? Wird mein Angebot ihr Interesse (I) wecken? Wird sie einen Wunsch (D) verspüren, den sie sich erfüllen will, weswegen sie handelt (A)? Wenn Sie alle diese Fragen positiv beantworten können, sieht es schon ganz gut aus mit Ihrer Konzeptidee.

Werbemittel: Womit?

Womit erreiche ich die anvisierte Zielgruppe am besten, welche Werbemittel nutzt sie am liebsten, welche gar nicht? Hier zeigt sich, wie wichtig Marktforschung und das Sammeln relevanter Daten über die Zielgruppe sind. Denn in der klaren Auswahl der Werbemittel entscheiden sich Erfolg und Misserfolg von Kommunikation. Soll ganz klassisch mit einer Anzeige geworben werden, mit einem Flyer oder einer Beilage in einer Zeitschrift? Wie sieht es mit Plakaten aus, sollen auch Litfaßsäulen oder ihre elektronischen Nachfolger in das Konzept eingebunden werden? Spielen Spots in Radio und Fernsehen eine Rolle, wie ist es mit dem Internet? Sprechen Banner oder Pop-Ups meine Zielgruppe an oder verschrecken sie sie eher? Das sind Fragen, die Sie sich beantworten sollten, bevor Sie sich für ein Werbemittel entscheiden. Und last but not least spielt natürlich auch das Kosten-Nutzen-Verhältnis eine Rolle.

Medien: Wo?

Eng mit der Frage des Werbemittels ist auch die Frage nach dem Medieneinsatz verbunden. Auf welchem Weg erreiche ich die Zielgruppe am besten, mit Printprodukten oder eher über elektronische Medien? Wie aufgeschlossen ist sie für Medien jenseits von Fernsehen und Internet, wie beispielsweise Handy-TV? Dazu muss ich wissen, welche Medien meine Zielgruppe nutzt. Bei diesen Überlegungen spielt auch der Einsatzort eine Rolle: Auf einer Messe kann man anders werben als in einer Zeitschrift. Dort kann man auch Werbemittel zum Anfassen, zum Beispiel mit Firmenlogo bedruckte Kugelschreiber oder Mousepads, an die Zielgruppe bringen. Auch muss man sich fragen, welches Medium das richtige ist, um seine spezielle Botschaft zu übermitteln, denn nicht jedes passt gleichermaßen. In der Regel ist es nicht ausreichend, nur ein Medium zu nutzen, um die Botschaft an die Zielgruppe zu bringen. Es ist ein Medienmix nötig. Die Frage ist, welche Medien dabei zum Einsatz kommen. Und gibt es ein Leitmedium oder stehen alle gleichberechtigt nebeneinander? Liegt der Fokus eher auf Text oder auf Bild, kommen auch Töne und bewegte Bilder in Fernsehen und Internet in Frage? Nicht zuletzt sind bei der Planung auch die Kontaktzahlen und die Preise der unterschiedlichen Medien entscheidend.

Das Timing: Wann?

Nichts ist stärker als eine Idee, deren Zeit gekommen ist. Aber wann ist die Zeit reif? Ein wichtiges Element der Werbeplanung ist deshalb das richtige, zielgruppengerechte Timing. Wann erreiche ich meine Zielgruppe am besten? Hier sind folgende Fragen hilfreich: Gibt es saisonale Gewohnheiten der Zielgruppe? Ist das Produkt, die Dienstleistung an eine bestimmte Zeit gebunden? Wie verhalten sich meine Mitbewerber? In welchem Rhythmus soll geworben werden? Handelt es sich bei der Kommunikation um die Markteinführung eines neuen Produktes? Ist das Produkt bereits bekannt und sollen jetzt die Marktanteile gestützt und gesichert werden?

Fazit: Wie wir gesehen haben, gelingt es mit den sieben Fragen, eine tragfähige Basiskonzeption zu erstellen. Am besten ist es, wenn Sie den Katalog vor jeder Gestaltung erneut durchgehen, bis Ihnen Ablauf und Fragen in Fleisch und Blut übergegangen sind.

Was ist eine gute Konzeptidee?

Eine Konzeptidee ist gut, wenn sie ihr Kommunikationsziel erreicht. Auch wenn sie viele Jahre eingesetzt wird, fasziniert sie immer noch und wird nicht langweilig. Eine gute Konzeptidee ist keine Eintagsfliege, sie ist kampagnenfähig und multimedial einsetzbar.

Solche genialen Konzeptideen finden wir bei großen Marken. Wer kennt ihn nicht, den Marlboro-Cowboy? Auch die lila Milka-Kuh gehört natürlich dazu und die witzigen Geschichten, in denen lediglich die Packung der Zigarettenmarke Lucky Strike als Handlungsträger auftritt.

Wenn wir uns das Konzept dieser Marken näher anschauen, stellen wir fest, dass deren Konzeptideen einfach, aber wohl durchdacht sind. Deswegen funktionieren sie über lange Zeiträume hinweg. Dabei spielen Image und Nutzen des Produktes eine zentrale Rolle.

Das Image

Unter Image versteht man ein inneres, oftmals gefühlsgeleitetes Bild der Kunden von einem Unternehmen, einem Produkt oder auch einer Non-Profit-Organisation. Es baut sich über viele Jahre kontinuierlicher Kommunikation allmählich auf, in denen eine positive Beziehung zu den Kunden hergestellt wird. Es verstärkt auf wundersame Weise die Wirkung und Anziehungskraft eines Unternehmens oder seiner Produkte.

Markenartikel besitzen meistens ein klares Image, sie sind begehrt und tragen eine Botschaft in sich. Doch was jahrelang mühsam aufgebaut wird, kann binnen kürzester Zeit zerstört werden: Imageaufbau und vor allem der Erhalt des Images sind ein sehr sensibler Prozess. Denn ist das Image erst einmal beschädigt oder zerstört, nutzt der beste Produktnutzen nichts mehr. Erinnert sei an den Wechsel der Kommunikationsstrategie von Camel. Nachdem der Abenteurer nicht mehr meilenweit für seine Zigarette ging, sondern das namengebende Kamel zum Akteur in Comicstrips wurde, ging der Umsatz der Marke dramatisch zurück. Die Imageänderung kam nicht an bei den Rauchern.

Der Nutzen

Gut ist, was wirklich nützt. Unter dem Nutzen eines Produktes oder einer Dienstleistung (consumer benefit) versteht man den Nutzen, den sich der Kunde davon verspricht. Dieser „reason why" ist die Grundlage erfolgreicher Marketingkommunikation.

Am besten ist es natürlich, wenn dieser Vorteil **einzigartig** ist und er sich klar von den Mitbewerbern abgrenzt. Dann sprechen wir von einem Alleinstellungsmerkmal, im Marketingjargon auch **USP** (= unique selling proposition) genannt. Aber in den gesättigten Märkten der Industriegesellschaften kommt ein Produkt selten allein, meistens sind schon gleiche oder ähnliche da. Und wenn es doch einmal einen solchen Vorteil gibt, dann sind die Nachahmer schnellstens zur Stelle, um den Vorsprung sogleich wieder einzuholen. Dies verdeutlicht, wie wichtig konzeptionelle Mediengestaltung geworden ist. Denn was wir in jedem Fall brauchen, ob mit USP oder ohne, ist ein starkes Nutzenversprechen und eine noch stärkere Konzept- und Gestaltungsidee.

Um die zu finden, hilft die Unterscheidung in Grundnutzen und Zusatznutzen. Während der Grundnutzen objektiv und rational nachvollziehbar ist, besteht der Zusatznutzen darin, was der Kunde subjektiv und emotional mit dem Produkt verbindet.

Das lässt sich am Beispiel eines Autos gut zeigen. Der **Grundnutzen** eines Autos der Marke BMW besteht darin, dass man von A nach B fahren kann. Der **Zusatznutzen** jedoch appelliert an das Prestige, den Status, an die Ästhetik oder die Sinnlichkeit. Bei diesem Auto ist es der Fahrspaß, den das Auto vermittelt. Und sicher wird dem Fahrer der Stolz über den erhöhten Status als BMW-Besitzer vermittelt. So transportiert der Autohersteller mit seinem Slogan „Freude am Fahren" genau den Zusatznutzen seiner Marke. Dieser wird mehr und mehr zum entscheidenden Faktor über Erfolg oder Misserfolg am Markt. Wie wir an unserem Beispiel gesehen haben, kann er auf verschiedene Art und Weise zum Ausdruck kommen. So kann man in der Kommunikation einen sensorischen Zusatznutzen für Auge, Ohr, Nase oder Haut inszenieren. Sehr wirksam ist auch die Darstellung eines sozialen Zusatznutzens, der zum Beispiel den Status erhöht wie bei dem BMW-Fahrer. Auch eine Ich-Bestätigung, für die ein egoistischer Zusatznutzen in den Fokus der Kommunikation gestellt wird, kann seine Funktion erfüllen.

Fazit: Um eine gute Konzeptidee zu finden, reicht es nicht, den einfachen Nutzen eines Produktes zu ermitteln. Wichtig werden in der Kommunikation vor allem der Zusatznutzen und das Image, das ein Produkt hat oder bekommen soll.
Konzentrieren Sie sich bei der Suche nach einem Konzept auf Zusatznutzen und Image, denn dadurch unterscheidet sich Ihr Produkt von den anderen.

§ 13 Merke: Wenn etwas Mode wird und es alle machen, verliert die Strategie ihren Reiz und ihren Überraschungseffekt. Hier gilt, wie überhaupt, wieder einmal die Regel: Ausgetretene Pfade sind unbedingt zu verlassen und unbedingt den anderen zu überlassen!

Beispielkonzeption
Die Astra Kampagne.

„Astra war, ist und bleibt das Bier von hier, das Bier aus dem Herzen von Hamburg St. Pauli. Als wir die Kampagne vor knapp zehn Jahren starteten, war genau das unser Ziel: nicht noch ein Bier als unglaubwürdiges Premiumprodukt zu positionieren. Sondern die Wahrheit zu zeigen und in jedem Motiv abzubilden, wie das echte Leben auf St. Pauli eben ist und wie die Menschen hier ticken: ein bisschen hart, aber immer herzlich. Und immer mit einem breiten Grinsen auf dem Gesicht." Philipp und Keuntje GmbH, Hamburg

Abb. 161

„was dagegen ..."

Wir halten die gezeigte ASTRA-Bierkonzeption für ein gelungenes Beispielkonzept, denn

▸ eine gute Konzeption sollte eine klare Idee haben, die auch durchgehalten wird.

▸ eine gute Konzeption sollte durchgängig gestaltet sein sowohl offline als auch online.

▸ eine gute Konzeption sollte wirken, erfolgreich und authentisch. (Was nützt die schönste Gestaltung, wenn sie nichts bewirkt, sich niemand damit identifiziert!)

Abb. 162

Alle Motive stammen aus der Vergangenheit. Durch eine heute bei den Bierproduzenten praktizierte freiwillige Selbstkontrolle in der Werbung werden einige Motive so nicht mehr benutzt.

Abb. 163

Abb. 164

Abb. 165

Abb. 166

Diese Kriterien erfüllt unser Beispiel ASTRA:

1. Es gibt ein klares und leicht wiedererkennbares Gestaltungskonzept mit hohem Aufmerksamkeitswert:
- klare Idee
- konsequente Gestaltung (Farbigkeit, Typografie und Gestaltraster usw.)
- hohes Maß an Kreativität.

2. ASTRA setzt neben der klaren visuellen Gestaltung ein besonders starkes Stilmittel ein: Humor.
Die Kommunikation von ASTRA setzt den Humor und den Witz als elementares Mittel ein, um die Botschaften zu transportieren – und zwar direkt in den Bauch. Und zuweilen direkt in die redaktionellen Seiten der Presse.

3. Der Slogan „was dagegen" arbeitet als Kitt des gesamten Auftritts. Alle Aktionen werden durch diesen markanten Satz zusammengeschweißt. Eine Identifikation der angesprochenen Zielgruppe wird durch das (überspitzte) Zeigen einer gelebten Wirklichkeit sehr gut erreicht.

4. Ob Offline- oder Online-Medium: ASTRA zeigt einen durchgängigen Markenauftritt quer durch alle Medien. Hier sieht man sehr gut, dass ausgehend von einer Basis-Idee und einer Basis-Gestaltung alle Medien gestaltet werden können. Ob Anzeige, Plakat oder Internet-Auftritt: Das Ganze ist aus einem Guss und trägt eine Handschrift.

Also, hier ist ein Vorbild – aber natürlich nicht zur Nachahmung.
Kopieren Sie nichts, sondern finden Sie für Ihre Gestaltungsarbeit neue Ideen und einen neuen Auftritt.

Viel Erfolg dabei!

Marke und Corporate Identity

Systematisch zu mehr Identität

Ziel jedes Unternehmens ist es, eine Marke aufzubauen, die sich über viele Jahre am Markt behauptet. Die Marke wird so zum zentralen Begriff in der Kommunikation, insbesondere in der werblichen. Doch was macht eine Marke aus?

Der Kern einer Marke

Das wichtigste für eine Marke ist das Vertrauen, das die Kunden ihr entgegenbringen. **Hans Domizlaff** (1892 - 1971), der Begründer der Markenlehre im Deutschland der 1930er Jahre, bezeichnet dieses Vertrauen als Kern jeder Marke. Denn Marken geben Kunden Orientierung und die Sicherheit, die richtige Wahl zu treffen. Sie vermischen Qualität und Nutzen eines Produktes mit dem emotionalen Mehrwert, der sich zum Beispiel in einem Gewinn von Prestige ausdrücken kann.

Einer Marke gelingt es, ihre Kunden um sich zu gruppieren und ihnen mehr zu bieten als nur ein Produkt. Lebensstil, Verhaltensweisen, Einstellungen, Werte - alles das macht eine durchgängige und stringente Markenwelt aus. Im besten Fall entwickelt sie sich zu einer Lifestyle-Marke weiter, wie das Beispiel IKEA zeigt. Wer will nicht gerne Mitglied der IKEA-Family werden? Marken können auch Kultstatus erlangen und eine Sinngebungsfunktion übernehmen.

Besonders gut hat das Charles Revson (1906–1975), der 1932 die amerikanische Kosmetikfirma Revlon gründete, auf den Punkt gebracht: „In der Fabrik stellen wir Kosmetikartikel her, aber über die Ladentheke verkaufen wir Hoffnung."

Da sich Produkte in Qualität und Nutzen kaum voneinander unterscheiden, kommt es also auf den **Mehrwert** an, den eine Marke transportiert. Das zeigen besonders eindrucksvoll so genannte Blindtests in der Marktforschung. Wenn die Produkte alle gleich aussehen, sind ihre Unterschiede kaum wahrnehmbar. Ohne Logo ist der Kunde orientierungslos, ihm fehlt der Wegweiser Marke.

Es gilt aber auch, dass Markenbildung nur bedingt mit Kommunikation zu tun hat. Marken können nicht von Unternehmen gemacht werden, denn das tun die Kunden, indem sie sich für eine Marke entscheiden. So entsteht ein Vertrauensverhältnis zwischen Markenversprechen und Kunden, die im Laufe der Zeit zu Stammkunden werden. Oft entstehen Marken in bestimmten Szenen, so unter Sportlern, Studenten oder Hörern einer bestimmten Musikrichtung, weil deren Mitglieder schon ein gemeinsames Interesse oder eine Lebensphilosophie vereint.

Was Firmen mit einer Marke erreichen wollen, ist auch klar: einen höheren Umsatz. Denn die Wertsteigerung ist genau der Effekt, den man mit der systematischen Markenbildung erreichen will. Eine Marke steht für mehr Qualität, aber eben auch für einen höheren Preis.

Der Look einer Marke

Rein äußerlich zeichnet sich eine Marke vor allem durch ein durchgängiges visuelles Erscheinungsbild aus. Konstantes Logo, definierte Farben und Schriften, einheitlicher Slogan, durchgängige Bild- und Texttonalitäten – Marken sollen jederzeit schnell wiedererkannt werden können. Schon beim ersten Blick über die umfangreiche Produktpalette im Regal müssen sie ins Auge springen.

Aber nicht nur das Äußere eines Produktes und dessen Auftritt in der Kommunikation machen Marken aus. Dazu gehört noch mehr. Auch das eigene Bild eines Unternehmens, das zum Beispiel in den Medien transportiert wird, die **Corporate Identity** einer Firma, spielt eine große Rolle.

Die Corporate Identity wiederum bestimmt entscheidend das Konzept einer Marke. Die Corporate Identity fasst das Selbstverständnis eines Unternehmens zusammen, das auf drei Ebenen vermittelt wird: 1. Das Corporate Design umfasst das Erscheinungsbild, Firmenlogo und die Produkte. 2. Corporate Communications meint die Mittel, die das Unternehmen in der Darstellung nach außen nutzt. 3. Das Corporate Behaviour umschreibt das Verhalten gegenüber Kunden, Handelspartnern und Öffentlichkeit ebenso wie das gegenüber den Mitarbeitern.

Bei der Markenbildung kann man sich am besten an folgender Checkliste orientieren:

Checkliste Marke

▸ Corporate Concept: Es definiert das zentrale Versprechen der Marke: Kompetenz, Leistungen, Konzept der Marke.
▸ Corporate Design: Das umfasst alle visuellen Merkmale der Marke: Logo, Schrift, Farben, Bildwelt.
▸ Corporate Architecture: Sie beschreibt die baulich-stoffliche Dimension: Materialien, Messestände, Display-Formen, Stoffe usw.
▸ Corporate Sound: Hier geht es um den Klang: Jingles, Musik von Telefon-Hotlines, Website, Werbespots .

Wenn das Markenkonzept definiert ist, wird es in so einem CD-Manual oder Style Guide (= Gestaltungsrichtlinie) definiert. So kann weltweit und über alle Medien hinweg der Look einer Marke konstant kommuniziert werden.

Das Leben einer Marke

Man kann sich leicht vorstellen, dass der Markenaufbau und die Markenführung sehr aufwändig sind. Vor allem aber gehören dazu **Disziplin und Durchhaltevermögen**. Das Schwierigste jedoch ist, das richtige Image zu finden, denn das ist zeitlos. Die Marke darf weder zu hipp noch zu old fashioned sein. Wenn sie gut ist und sich durchsetzt, hat sie genau den richtigen Ton getroffen, Voraussetzung dafür, dass sie sich über Jahrzehnte erfolgreich am Markt hält.

Für den Verbraucher oft ohne merkliche Veränderungen – und dennoch sind Marken wie lebende Systeme permanent, aber behutsam im Wandel.

Die Kraft der Marke

Wie die Kraft der Marke wirkt, ist zum Beispiel beim Autokauf zu beobachten und zwar beim so genannten Badge-Marketing. Hier werden identische Modelle nur mit einem anderen Logo versehen. So sind zum Beispiel die Automodelle VW Sharan, Ford Galaxy und Seat Alhambra technisch absolut baugleich. Sie unterscheiden sich lediglich in der Preisgestaltung und eben im Logo auf der Kühlerhaube - aber das wirkt. Obwohl der VW Sharan das teuerste Modell ist, steht es bei den Käufern an der Spitze. Wie wir sehen, wirken hier emotionale Kraft und Zusatznutzen der Marke VW und eben nicht der kühle, rationale Sachverstand des Konsumenten.

Nicht nur Produkte können zu Marken werden, auch in anderen Lebensbereichen finden wir inzwischen Marken. Fußballer, Schauspieler, sogar Literaturkritiker werden zu Marken. Das Gleiche gilt für Regionen, Länder oder Fußballvereine. Aber auch politische Konzepte werden mit den Methoden der Markenbildung am Markt platziert. So beauftragt die Bundesregierung Agenturen mit Werbekampagnen, um der Bevölkerung geplante Maßnahmen zu vermitteln.

Inzwischen kann sogar jeder selbst zur Marke werden. Die **Individualisierung** kann auch als Markenbildungsprozess verstanden werden: Werde du selbst = werde Marke! Dabei ist die Marke nur an die reine Existenz einer Person gebunden.

In Deutschland immer noch das schönste Beispiel dafür ist Verona Pooth (*1968), vormals Feldbusch. Ohne über einen „Primärnutzen" zu verfügen, ist es ihr gelungen, ihren Namen zur Marke zu machen.

Ideen9 finden

IDEEN FINDEN

In Kapitel 9:
- ▶ Welche Kriterien muss eine gute Idee erfüllen?
- ▶ Wie findet man eine gute Idee?
- ▶ Welche Kreativitätstechniken helfen bei der Ideenfindung?

Bildideen, Textideen, Kampagnenideen – jetzt wird es ernst. Sie brauchen eine Idee. Was tun? Ideen produzieren, mit Ideen überraschen, das ist viel einfacher als Sie denken. Jeder Mensch hat Ideen und jeder ist kreativ. Nur haben die wenigsten leider auch den Mut dazu, ihre Ideen auszusprechen und konkret in die Tat umzusetzen. Schluss damit!

Am besten, Sie beherzigen bei Ihrer Gestaltungsarbeit die folgenden drei Grundsätze. Wenn Sie diese verinnerlicht haben, ist das schon der erste Schritt auf dem Weg zur erfolgreichen Ideenfindung.

1. Finden Sie **eine** Idee! Denn: Eine Idee ist immer besser als keine Idee.

2. Nicht die Ablehnung ist das Schlimmste, sondern **Indifferenz**. Also polarisieren Sie lieber mit einer Idee, als dass Sie mit einer unauffälligen Arbeit weder Fisch noch Fleisch produzieren.

3. Erkennen Sie den **dreifachen** Wert einer Idee!

Erinnerungswert
An eine gute Idee erinnert man sich gerne, an keine Idee erinnert sich keiner.

Qualitätswert
Eine Idee steigert den Wert der Botschaft! Damit wird die gesamte Gestaltungsarbeit wertvoller.

Budgetwert
Eine gute Idee kann wirkungsvoller sein als ein großes Budget. David und Goliath stehen hier Pate.

Was fehlt noch? Mut! Denn beim Finden von Ideen kommt es vor allem auf drei Dinge an: 1. **Mut** haben, 2. **Mut** haben, 3. **Mut** haben. Denn feste Regeln gibt es nicht.

- Der Brite David Ogilvy (1911-1999) gründete 1948 in New York eine Werbe-agentur, die unter dem Namen „Ogilvy & Mather" schnell international führend wurde. Berühmt ist Ogilvy vor allem als Werbetexter, unter anderem für Rolls Royce. Mut hatte auch David Ogilvy, Altmeister der Kreativszene. Für ihn stand fest: „Wenn Deine Werbung keine Big Idea enthält, wird sie vorbeirauschen wie ein Schiff bei Nacht." Deshalb hat er in seinem unbedingt lesenswerten Buch „Ogilvy über Werbung" folgende Kriterien für eine wirklich großartige Idee, also eine Big Idea, aufgelistet.

Lesetipp:
David Ogilvy,
Ogilvy über Werbung

Checkliste Big Idea

- Hat es mir den Atem verschlagen, als ich die Idee zum ersten Mal sah?
- Hätte ich diese Idee gerne selbst gehabt?
- Ist sie einzigartig?
- Passt die Idee perfekt in meine Strategie?
- Lässt sie sich 30 Jahre lang verwenden?

Woher nehmen ... und nicht stehlen?

Nun wird es wirklich ernst, denn nun muss eine konkrete Idee her. Wie finde ich sie? Sie liegt (oft) auf der Straße, denn das Leben schreibt die aufregendsten Geschichten. Ein aufgeschnappter Dialog in der Straßenbahn kann mehr inspi-rieren als das Herumblättern in Kreativbüchern. Ein Gespräch mit echten Men-schen ist viel sinnvoller als das Analysieren von Radio- oder TV-Spots.

Und damit sind wir auch schon bei einer Binsenweisheit: Das Büro ist nicht unbedingt der richtige Ort für Kreativität. Oft entstehen Ideen, wenn man am wenigsten damit rechnet, zum Beispiel beim Warten an der Supermarktkasse, beim Abhängen auf dem Sofa oder wenn man sich scheinbar langweilt. Also: Raus aus dem Büro, um neue Ideen zu finden.

Auch gilt, dass gute Ideen ganz einfach sind. Sie funktionieren schnell und sind einfach zu merken. Erinnern Sie sich an den Marlboro-Cowboy, die lila Kuh oder den Bären auf der Alm von Bärenmarke. „Diese Idee hätte ich auch haben können", denken Sie. Stimmt! Man muss nur den Mut haben und machen.

Und nicht immer findet man dabei etwas Neues, das es so noch nie gab, denn es gibt schon vieles. Spannend ist es auch, bereits Bekanntes neu zu kombinieren, Dinge zusammenzuführen, die offenbar nicht zusammenpassen oder aus einem neuen Blickwinkel auf Gewohntes zu schauen und es einfach zu variieren.

Aber das Allerwichtigste dabei ist: Denken Sie Ideen wirklich und lassen Sie sie zu. Der größte Feind der Idee sind in der Regel wir selbst, das ist die berühmte Schere im Kopf. Sie zensiert unentwegt und bringt uns oft um den Lohn unserer Mühe. Werfen Sie das verrostete Ding einfach weg. Sie werden sehen, es befreit.

Ideen haben meistens eine bildliche Aussage und eine textliche. Deshalb ist es gut, beim Suchen immer hin und her zu wechseln. Mal von Bildern aus zu denken, mal von den Wortideen her. Kommen gerade keine Bilder in den Sinn, dann einfach einmal Worte und Sätze aufschreiben, kommen keine Worte, dann versuchen, Bilder zu entwerfen.

Und wenn das alles doch nichts hilft, was macht man, wenn einem partout nichts einfällt? Auf jeden Fall nicht panisch werden und in Selbstzweifel verfallen – man kann nicht immer kreativ sein. Manchmal hilft schon ein kleiner Ortswechsel (s.o.), raus in den Garten oder unter die Dusche. Denn eine wichtige Voraussetzung für Kreativität ist es auch, entspannt zu sein und sich wohl zu fühlen. Verkrampft geht gar nichts. Und wenn Sie schon mal unterwegs sind, noch ein Tipp. Für die ersten Ideen ist das Scribbeln per Bleistift immer noch die beste Technik. Damit sind Sie außerdem ortsunabhängig. Auch im Büro gilt: **PC aus** beim Ideen finden.

Und noch eine Regel: Klauen Sie nicht, **denken Sie selbst!** Denn die eigene Idee ist immer die beste!

Kreativitätstechniken

Kreativität klappt nicht auf Knopfdruck und manchmal hilft auch die entspannteste Umgebung nichts. Aber bewährte Techniken können dabei helfen. Es gibt mittlerweile viele Kreativitätstechniken, wir konzentrieren uns hier auf zwei Methoden, die sich in der Praxis besonders bewährt haben: das Brainstorming und das vernetzte Denken, auch Mind Mapping genannt. Egal, welche Methode Sie anwenden, die Ideenfindung teilt sich meistens in zwei Phasen.

Phase 1

Die erste Phase ist die des „unkritischen" Sammelns. Frei von der Leber weg wird assoziiert, kombiniert und analogisiert. Hier sind Fragen oft der Ausgangspunkt für Ideen: Kann ich mir das zu bewerbende Produkt beispielsweise als Tier vorstellen? Oder als Mensch? Was ist das Gegenteil des Produktes? Was wäre, wenn es das Produkt auf der Welt nicht gäbe?

Lesetipp:
Mario Pricken,
Kribbeln im Kopf

Wichtig dabei ist, alle Sinne zu aktivieren: Wie riecht etwas? Wie hört es sich an? Kann es sprechen? Was wäre, wenn es sprechen könnte? Welche Farbe hat eine Versicherung? Wie riecht ein Mikrochip? Wie klingt Ökostrom?

Und dann haben Sie ein Resultat, das sich sehen lassen kann: Seitenweise Ideen, wild durcheinander, manche gelernt und bekannt, manche ziemlich abstrus, manche ungewohnt, aber spannend. Und manche unmöglich, aber irgendwie gut ... Das ist genau die richtige Mischung!

Phase 2

Nun geht es auf den Teppich zurück, jetzt heißt es kritisch prüfen und verifizieren: Wie können die Ideen geordnet und bewertet werden? Nach welchen Kriterien wollen wir auswählen?

Im Folgenden zeigen wir Ihnen den exemplarischen Verlauf von Brainstorming und Mind Mapping. Hier sind wie so oft Fragen ein gutes Sprungbrett zum Abheben in den Himmel der Ideen.

Brainstorming

Mit dieser Kreativitätstechnik kommt man besonders weit in einer überschaubaren Gruppe mit ungefähr vier bis zehn Mitgliedern. Gut ist es, einen neutralen Moderator zu haben, der die Ideen sammelt, dafür sorgt, dass sich alle beteiligen und der auf den Pfad zurückführt, wenn der Kreativitätsschub allzu weit vom Thema wegführt. Bei dieser Methode werden die Ideen z.B. auf eine Karte geschrieben und an eine Wand gepinnt. Wichtig beim Sammeln ist es, dass die Ideen später sortiert werden können.

Ideen sammeln (= Phase 1)

- Das Thema/Problem wird präzise formuliert, am besten schriftlich.
- In einer vorgegebenen Zeit (ca. 10 Min.) werden wahllos alle Gedanken und Assoziationen zum Thema aufgeschrieben.
  Es sollen so viele Ideen wie möglich gesammelt werden.
- Das Aufgreifen und Weiterentwickeln fremder Ideen ist erlaubt und erwünscht.
- Alles ist erlaubt, nur keine Killerphrasen und Gegenargumente! Kritik bleibt außen vor!

Verifizieren (= Phase 2)

- Die Ideen werden systematisch geordnet - und zwar alle!
- Danach werden sie bewertet.
- Nun wird eine Rangfolge der Ideen festgelegt.
- Zum Schluss werden die Ideen diskutiert und entschieden, welche weiterverfolgt werden.

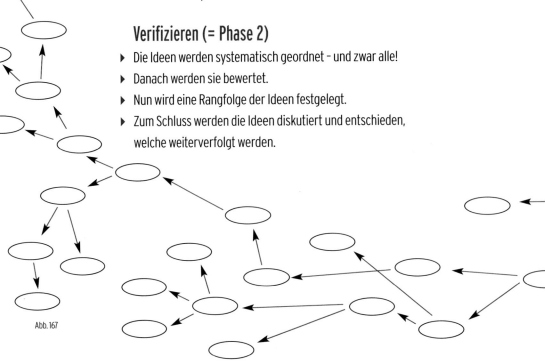

Abb. 167

Vernetztes Denken (Mind Mapping)

Das Mind Mapping aktiviert beide Gehirnhälften und vereinigt damit Spontaneität und strukturiertes Denken. Relativ schnell kommt man von einem zentralen Begriff durch Assoziation zu weiteren, die damit unmittelbar zu tun haben. Durch die verzweigte Struktur ist es aber auch möglich, auf weniger nahe liegende Begriffe zu kommen, die einem sonst nicht in den Sinn gekommen wären. Diese Technik kann allein oder in einer Gruppe angewandt werden.

Ideen sammeln (= Phase 1)

- Ein zentraler Suchbegriff steht in der Mitte eines großen Papiers.
- Assoziationen werden darum herum gruppiert und mit dem Zentralbegriff durch Linien verbunden.
- Von den Assoziationen ausgehend werden neue Assoziationen gebildet (Kettenbildung).

Verifizieren (= Phase 2)

- Die Ideen werden systematisch geordnet – und zwar alle!
- Danach werden sie bewertet.
- Nun wird eine Rangfolge der Ideen festgelegt.
- Zum Schluss werden die Ideen diskutiert und entschieden, welche weiterverfolgt werden.

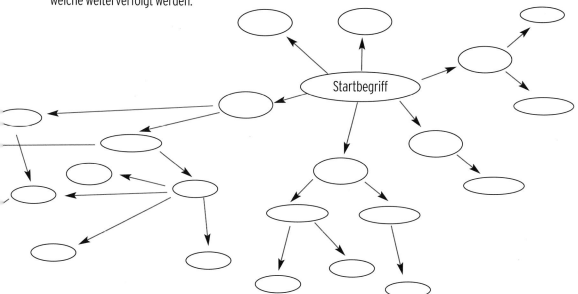

Abb. 168 Idee und Umsetzung: Leo Burnett, Frankfurt

Abb. 169

Abb. 170

Schön, wenn sich eine Idee selbstständig macht: Schauen Sie auf den Biss! Auf die provokante Anzeige der Bahn mit dem verzweifelten Biss des Autofahrers ins Lenkrad folgte der Biss ins Zugfenster beim Autohersteller.
Linke Seite: amesty international, Guerilla-Advertising, eine hervoragende Idee, die sich selbst erklärt. Hier wurden Hände in die Straße montiert.

10 Visualisierung

VISUALISIERUNG

Ein Bild sagt mehr als 1000 Worte

In Kapitel 10:

▸ Wie setzt man Ideen zu Gestaltung um?

▸ Wie kann man visuelle Erfahrungen nachvollziehen?

▸ Wo und wann ist Visualisierung sinnvoll?

▸ Wie kann ich sie für die Gestaltung praktisch nutzen?

Wie wir bereits festgestellt haben, ist Sehen unser Hauptsinn. Deshalb nimmt die Visualisierung einen besonderen Stellenwert in der Mediengestaltung ein. Etwas visualisieren heißt, Inhalte in Bildern so darzustellen, dass sie gut **verstanden** werden – und das meist viel schneller als mit Worten oder Schrift.

Das sind die Vorteile der Visualisierung von Botschaften auf einen Blick:

▸ Bilder können eigentlich Unsichtbares oder Abstraktes sichtbar machen.
▸ Bilder sind nicht an Sprache gebunden.
▸ Bilder kommunizieren unmittelbar und direkt.
▸ Bilder sind einprägsam.
▸ Bilder können große Datenmengen vermitteln.

Das Visualisieren von Inhalten ist grundsätzlich dann sinnvoll, wenn eine verbale Kommunikation zu langwierig oder eine zusätzliche Hervorhebung gefordert ist, komplexe und komplizierte Sachverhalte kommen schlecht ohne aus. So ist zum Beispiel eine Hauptversammlung einer Aktiengesellschaft ohne grafisch dargestellte Umsatzkurven kaum vorstellbar. Ebenso ist ein reibungsloser Straßenverkehr ohne prägnante, schnell verständliche Verkehrszeichen nicht denkbar. Visualisierung heißt also, Begriffe zu übersetzen und Botschaften ins Bild zu setzen. Dazu müssen **prägnante** Bildzeichen und eindrucksvolle Bilder entwickelt werden. Auch dabei gilt: Weniger ist mehr. Reduzieren und komprimieren ist der Weg zum Erfolg. Für den Mediengestalter heißt das: ein sicheres Gespür entwickeln für den Abstraktionsgrad der Bilder und den Grad der Visualisierung – entsprechend dem Charakter und dem Wissensstand der Zielgruppe. Das gilt besonders bei der Vermittlung von technischen oder wissenschaftlichen Botschaften. In diesem Bereich wird die positive Wirkung der Visualisierung noch viel zu wenig genutzt. Sie kennen sicher das eine oder andere Lehrbuch, das mit Tabellen und Texten überladen ist. Dabei können auch schwierigere Inhalte so präsentiert werden, dass sich der Spaß beim Lesen (und Sehen) automatisch einstellt. Aber Achtung: Gestalter befinden sich dabei auf einer schwierigen Gratwanderung. Einerseits müssen sie genügend Sach- und Fachverständnis mitbringen, um die Inhalte kompetent erklären zu können. Andererseits dürfen sie sich nicht in Details verlieren. Denn das ist die Gefahr: Wer viel weiß, will meist auch zeigen, was er alles weiß. Deshalb gilt auch hier besonders: **Weniger ist mehr.**

Finden, Formen und Fragen

Der Dreisprung zur visuellen Ideenfindung

Was ist die Botschaft? Und wer soll die Botschaft bekommen und verstehen? Diese beiden entscheidenden Fragen müssen wir uns beantworten, wie wir schon gelernt haben, bevor wir uns eine weitere stellen: Wie setze ich die Botschaft in eine Visualisierungsidee um, die fasziniert?

Bei der Suche nach einer Idee hilft es, sie in drei Schritte aufzuteilen: Finden, Formen und Fragen. Mit Hilfe dieses Dreisprungs strukturieren Sie Ihren Ideenfindungsprozess und kommen leichter zu einem Ergebnis.

Finden: Lassen Sie die Ideen einfach fließen. Beginnen Sie mit einem Wort, Bild, Klang, Geruch, Geschmack, Material, einer Szene usw., probieren Sie alles aus, was Ihnen zum Thema einfällt, sowohl formal als auch inhaltlich. Wenn der Ideenfluss ins Stocken gerät, scheuen Sie sich nicht, Kreativtechniken anzuwenden. Ganz wichtig in dieser ersten Phase ist es, die Ideen zunächst nicht zu werten, sie stehen alle gleichberechtigt nebeneinander. Ist eine oder mehrere Ideen gefunden, ist es sinnvoll, sie auszuformulieren und an die Wand zu hängen.

Formen: Nun kommt es darauf an, das Konzept auf den Punkt zu bringen. Dabei stellen Sie Fragen: Sind alle Elemente des Konzeptes wichtig für die Botschaft? Kann man und wenn ja wo, gestalterisch reduzieren? Oder sollte noch etwas ergänzt werden? Ist die Idee tragfähig? Je mehr Fragen Sie sich stellen, desto genauer trifft das Konzept die gewünschte Botschaft.

Fragen: Nachdem Sie Ihre Idee auf den Punkt gebracht haben, geht es weiter mit den Fragen. Befragen Sie ihr Konzept wie folgt: Ist die Botschaft getroffen? Wird das Wesentliche gezeigt? Versteht die Zielgruppe die Botschaft? Ist die Idee gut visualisiert? Ist die Gestaltung angenehm und merkwürdig?

Und zuletzt überprüfen Sie die rein formalen Aspekte: Symmetrie, Harmonie, Proportion und natürlich die Farbigkeit. So können Sie grobe ästhetische Schnitzer korrigieren. Denn Ästhetik ist wichtig nicht als Selbstzweck, sondern als Transportmittel für erfolgreiche Kommunikation.

Checkliste Visualisierung

▸ Gewöhnliches ungewöhnlich darstellen
▸ Prägnant sein und plakativ arbeiten
▸ Einfach ist am besten – und einzigartig
▸ Selbstständig sein und unverwechselbar: Mut haben
▸ Anknüpfen an bekannte Informationen und bekannte Zeichen
▸ Logisch und grafisch stimmig sein heißt: schneller wirken
▸ Durchgängig und einheitlich auftreten – wie eine Marke
▸ Das Formale nie aus den Augen verlieren:
  Signalwert, Bedeutung, Verfremdung, Positiv-/Negativ-Kontrast, Struktur und Rhythmus, Spannung und Balance, Symmetrie und Asymmetrie, Räumlichkeit und Farbigkeit

Und? Sind Sie fit? Wie die drei Fs funktionieren, können Sie gleich bei unserer Übung ausprobieren. Nur Mut!

Übung „Visualisierung"

Schaffen Sie eine visuelle Umsetzung für den Begriff „Lehrbetrieb". Entwickeln Sie dabei eine Bildidee, die nach Möglichkeit den Begriff ohne zusätzlichen Text darstellt. Das von Ihnen entwickelte Bildzeichen soll aber weder „Schule" noch „Lehre" darstellen! Tipp: Verwenden Sie zunächst keine Farben, sondern nur schwarz und weiß. Skizzieren Sie mit Bleistift und führen dann mit schwarzem Filzschreiber aus.

Wenn es der Idee hilft (nur dann!), können Sie auch Farbe hinzunehmen. Es dauert eine ganze Weile, bis die Ideen kanalisiert sind und fließen. Lassen Sie sich nicht entmutigen. Machen Sie eine Vielzahl von (kleinen) Entwürfen. Lieber einige (noch) nicht wirklich überzeugende Ideen auf dem Papier als keine Ideen auf dem Blatt (= Finden).

Versuchen Sie im zweiten Schritt, Ihre Bildidee immer weiter zu abstrahieren. Was muss wirklich zu sehen sein? Zeigen Sie so wenig wie möglich und genau so viel wie nötig (= Formen).

Entscheiden Sie sich schließlich für eine Idee, die Sie am gelungensten finden und führen Sie diese (sorgfältig) größer aus. Dieser Entscheidungsprozess ist ein wichtiger Aspekt beim Gestalten. Nur wer wirklich kritisch und konsequent aussortiert, wird wirklich überzeugende Ergebnisse liefern können (= Fragen).

Haben Sie sich für eine Idee entschieden? Klasse! War doch gar nicht so schwer! ■

Abbildungen 171 unten
Verschiedene Zeichen mit klar zugeordneten Bedeutungen

Abb. 171

Alles eine Frage des Formats

Hoch oder quer, rund oder mit Ecken, ist die Idee gefunden, spielt auch die Wahl des Formats bei der Visualisierung eine entscheidende Rolle. Das gilt unabhängig von dem konkreten Medium, das Sie gestalten möchten. Ob Anzeige, Plakat oder Internetseite, Sie können das Format bei Ihrer Mediengestaltung nutzen, um bestimmte Wirkungen zu erzielen.

Hoch oder quer?

Die Wahl des Formats ist eine **grundlegende** Entscheidung, die beeinflusst, wie der Inhalt einer Botschaft wahrgenommen wird. Grundsätzlich gilt, dass wir lieber quer sehen als hoch, denn das Blickfeld des Auges ist sehr viel breiter als hoch. Wenn Sie einmal darauf achten, werden Sie feststellen, dass es Ihnen leicht fällt, das Blickfeld durch waagerechtes Kopf- oder Augendrehen zu vergrößern. Im Gegensatz dazu empfinden Sie vermutlich das Heben oder Senken des Kopfes als viel anstrengender.

Unsere Wahrnehmung findet also vorwiegend im Querformat statt. Und dabei wiederum ist das Rechteck die Grundform. Bilder und Motive im rechteckigen Querformat sind uns vertraut und wirken auf uns **stabil** und solide. Es ist also kein Zufall, dass Kinoleinwand, Fernseher oder Computerbildschirm im Querformat sind - sie unterstützen unsere Vorliebe und Veranlagung zum querformatigen Sehen.

Deshalb sprechen wir auch in der Gestaltlehre von der Dominanz des Waagerechten und des Rechtecks. Die liegende stabile Waagerechte vermittelt Ruhe und Gelassenheit - es ist der ruhige Horizont, der alles eingrenzt und ordnet. Die wohl klassischste Präsentation sind Landschaftsdarstellungen, ob in der Malerei oder in der Fotografie.

Wenn wir nun das Rechteck ins Hochformat drehen, entsteht eine völlig andere Bildwirkung. Jetzt sind wir als Betrachter mit der Größe des dargestellten Objekts unmittelbar konfrontiert, unser Auge muss nach oben und nach unten blicken - ein ganz anderes Bild entsteht. Wenn wir etwa vor einem hochformatigen Bild, einem Baum oder einem Wolkenkratzer stehen, wird uns dabei auch die eigene begrenzte Größe deutlich. Klassisch wird das Hochformat bei Porträts und Figurendarstellungen eingesetzt.

Wann setzt man nun das Rechteck im Querformat und wann im Hochformat ein? Diese Frage hängt vom Ziel der Mediengestaltung ab und beantwortet die Frage, ob wir zum Beispiel mehr Ruhe (= Querformat) oder mehr Dynamik und Aktivität (= Hochformat) kommunizieren wollen.

§ 14 Das Hochformat wirkt dynamisch und aktiv, während das Querformat Ruhe und Stabilität kommuniziert.

Vergleichen Sie die jeweils sehr unterschiedlichen Wirkungen der beiden Abbildungen in verschiedenen Formaten (Abb. 172 bis 177)!

Abb. 172 Abb. 173

Bei den Abbildungen auf dieser Seite sind die Bildaussagen völlig unterschiedlich. Während das linke Bild (Abb. 172) die Weite und die Landschaft betont (Flusslandschaft), liegt beim rechten Bild (Abb. 173) der Fokus ganz eindeutig auf dem Schiff und dessen Liegeplatz (Binnenhafen). So wird über die Wahl des Formats auch eine inhaltliche Aussage gemacht.

Abb. 174

Abb. 175

Abb. 176

Abb. 177

Vergleichen Sie die jeweils sehr unterschiedlichen Wirkungen. Überlegen Sie sich je einen Titel für jedes der Bilder.

Die Komposition von Flächen

Mit dem Prinzip, eine Grundfläche zu teilen und zu unterteilen, beginnt die Komposition, die wir schon in Kapitel 4 ausführlich beschrieben haben. Ausgehend von den Grundflächen Rechteck und Quadrat lassen sich durch Teilungen neue Flächen und damit neue Gestaltformen entwickeln und komponieren. Die klassischen Teilungen sind Diagonale und Gegendiagonale sowie die senkrechte und waagerechte Teilung. So entstehen bei jeder Flächenteilung kleinere Flächen, die ein völlig neues Bild zeichnen und somit andere Spannungsmomente erzeugen. Man muss sich diese Teilflächen wirklich bewusst machen. Wenn Sie im ersten Kapitel „neu sehen" gelernt haben und nun Formen und Flächen wirklich zweidimensional wahrnehmen, beginnen Sie jetzt selbst aktiv Räume zu verändern. Immer mit dem Ziel, eine gelungene Komposition zu erreichen. Dies gilt für Zeichnungen, Layouts, Webpages oder Fotos gleichermaßen.

Betrachten Sie die verschiedenen Flächenteilungen (Abb. 178-182). Wie wirkt jede einzelne auf Sie? Welche Wechselwirkungen entstehen zwischen Format und inneren Flächen?

Es gibt verschiedene Möglichkeiten, Formen und Flächen zu kombinieren. Hier eine kleine Auswahl:

Rechteck im Rechteck
Eine ideale Form und Ergänzung, die zu einem Spiegeleffekt führt. Das innere Rechteck wiederholt die Form des äußeren Rechtecks (Abb. 183).

Kreis im Rechteck
Diese Kombination ist relativ problematisch, da sich der dadurch entstehende Negativraum nicht gut in die Gesamtkomposition einfügt. Meist hilft es, den Kreis im Anschnitt darzustellen (Abb. 184).

Oval im Rechteck
Das ist unproblematisch und funktioniert immer gut (Abb. 185).

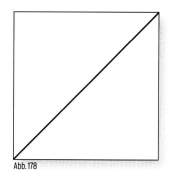
Abb. 178

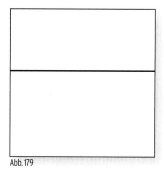
Abb. 179

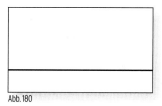
Abb. 180

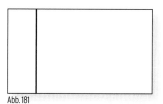
Abb. 181

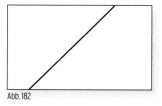
Abb. 182

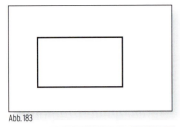
Abb. 183

Abb. 184

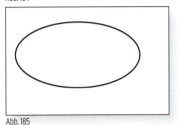
Abb. 185

Harmonie im Kreis

Der Kreis (Abb. 186) ist die harmonischste (Grund-)Form überhaupt, sie erfordert einen sehr strengen Aufbau. In der Komposition mit anderen Formen und Flächen ist zu beachten, dass ein Kreis durch seine Form schnell zum alles beherrschenden Zentrum der Gesamtgestaltung wird – auch wenn man das nicht beabsichtigt (Abb. 188). Vergegenwärtigen Sie sich hier, wie sehr der Kreis das gesamte Foto dominiert!

Langeweile im Quadrat?

Bis jetzt haben wir uns auf das Rechteck konzentriert, die am häufigsten verwendete Form. Daneben tritt das Quadrat als Form und Fläche in der Gestaltung auf. Das absolut gleiche harmonische Seitenverhältnis gibt der quadratischen Komposition einen ruhigen und statischen Ausdruck (Abb. 187). Die fast schon erhabene Form des Quadrats kann durch farbliche und formale Gewichtungen dynamisiert werden. So bringt zum Beispiel die Teilung durch die Diagonale Leben in die Fläche.

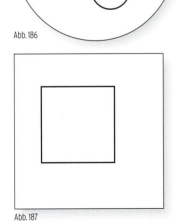
Abb. 186

Abb. 188

Abb. 187

Übung „Aufkleber"

Gestalten Sie einen kreisförmigen Aufkleber und bringen Sie die folgenden Gestaltelemente unter: Ihren Vor- und Nachnamen, ein rechteckiges Foto und den Schriftzug „Komponieren im runden Format".

Außerdem: Die Objekte dürfen übereinander liegen. Die Schrift sollte lesbar sein. Probieren Sie es, Sie werden sehen, das ist gar nicht so einfach. ■

Abb. 189

Übung „Komponieren in Formaten"

Legen Sie sich einige quadratische Formate auf einer weißen Seite an (Kantenlänge ca. 8 cm). Achten Sie darauf, sie nicht zu groß zu machen.

1. Komponieren Sie jetzt die beiden **Initiale** Ihres Namens in dieses Format. Die Größe der Buchstaben kann variieren, sie dürfen auch im Anschnitt zu sehen sein. Allerdings sollten beide Buchstaben lesbar sein. Verwenden Sie eine einfache Groteskschrift, für beide Buchstaben die gleiche. Es geht zunächst um das Füllen des Formats und da sollten Sie die Mittel beschränken. Später, wenn die Grundkomposition steht, kann die Schrift variiert werden. Machen Sie nun mehrere Entwürfe. Betrachten Sie Ihre Kompositionen und entscheiden Sie, welcher Ihrer Entwürfe Ihnen am meisten zusagt und weshalb. Vergrößern Sie Ihren Lieblingsentwurf auf ein größeres Format (zum Beispiel 20 cm x 20 cm).

2. Schaffen Sie nun im zweiten Schritt eine **Adaption** Ihres ersten Entwurfes auf jeweils ein Quer- und ein Hochformat. Die Gestaltwirkung sollte möglichst erhalten bleiben. Lassen Sie sich Zeit. Versuchen Sie eine wirklich optimale Lösung zu finden. Wie immer gilt: dranbleiben und ausprobieren (Beispiel rechts, Abb. 190). ■

Abb. 190

Grundlegendes zum Thema Farbe

Jetzt kommt Farbe ins Spiel!

Alles so schön bunt hier, denkt man, wenn man sich so umschaut auf der Welt. Der Himmel blau, die Bäume grün und die Häuser zartgelb oder weiß. So farbig nehmen wir die Welt wahr. Tatsächlich ist sie aber farblos, weil sämtliche Materie farblos ist. Warum erscheint uns die Welt dennoch farbig?

Dazu ist **Licht** notwendig. Denn auch im Dunkeln ist die Welt schwarz, ohne Licht sehen wir keine Farben. Wir sehen sie erst, wenn das „weiße" Tageslicht auf einen Gegenstand trifft. Dabei löst das Licht die Farbwahrnehmung aus.

Licht können wir uns physikalisch am besten als elektromagnetische Wellen mit unterschiedlichen Frequenzen vorstellen. Viele davon sind für unsere Sinne überhaupt nicht zugänglich. Aber in einem bestimmten Wellenbereich empfängt unser Auge einige Frequenzen – und „deutet" sie als Farben.

Es war der englische Physiker Sir Isaac **Newton** (1643-1727), der genau diesen Beweis erbrachte. Mit Hilfe eines Prismas „zerlegte" er den gebündelten weißen Lichtstrahl in seine Spektralfarben. Bei der Brechung des Lichts reagieren die elektromagnetischen Wellen unterschiedlich. Deshalb entsteht dabei das uns bekannte Farbspektrum (Abb. 191).

Welchen Farbton wir wahrnehmen, hängt mit Reflexion und Absorption zusammen. So gibt ein weißer Körper sämtliches Licht, das auf ihn trifft, voll reflektierend zurück, während ein schwarzer das einfallende Licht komplett absorbiert. Bei den anderen Farben ist die Mischung entscheidend. Ein grün erscheinender Körper absorbiert sämtliches blaue (richtiger violettblaue) und sämtliches rote (orangerote) Licht, so dass nur das grüne Licht reflektiert und auf unserer Netzhaut empfangen wird. Im Gehirn wird der Farbeindruck dann als grün interpretiert.

Abb. 191

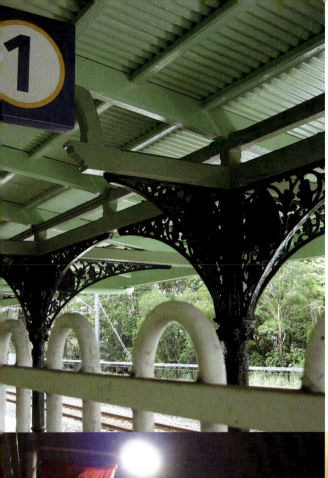

Farbwelten
Drei Bilder mit unterschiedlichen Farbwelten. Farbe erzeugt jedes Mal Stimmung. Durch Farbigkeit wird immer und sofort ein emotionaler Eindruck erzeugt.

Abb. 192, 193, 194

Farbwahrnehmung

Farbe wird durch ein kompliziertes Wechselspiel von **Auge und Gehirn** wahrgenommen. Die Netzhaut des menschlichen Auges enthält zwei verschiedene Rezeptorensysteme, die quasi wie Antennen funktionieren. Die so genannten Stäbchen kommen zum Einsatz, wenn relativ wenig Licht fällt. Sie sind zuständig für die Schwarz-Weiß-Wahrnehmung und die Hell-Dunkel-Kontraste. Die Zapfen nehmen die bunten Farben wahr. Dabei werden Kurz-, Mittel- und Langwellen jeweils von einem unterschiedlichen Zapfentyp wahrgenommen. Im Farbzentrum des Gehirns werden unterschiedliche Reize dann als Farben „interpretiert".

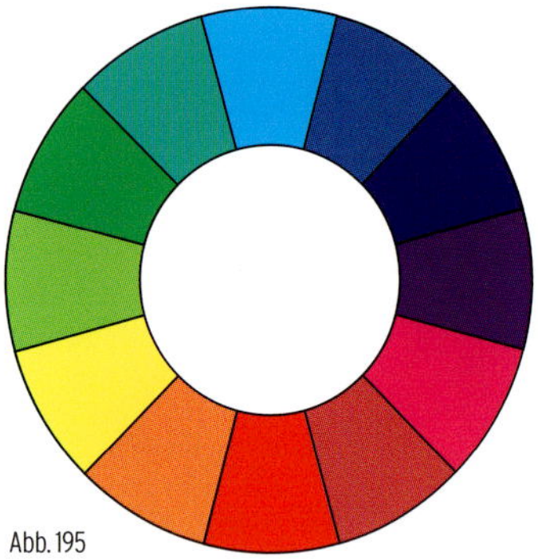

Wir sind in der Lage, ca. 100.000 Farben und Farbnuancen zu unterscheiden. Das sind so viele, dass wir sie sprachlich gar nicht bewältigen können. Deshalb bezeichnen unsere Farbnamen lediglich großzügig **Farbbereiche**. Überlegen Sie einmal, wie viele Töne und Nuancen allein vom Begriff Rot existieren!

Für diese Farbvielfalt ist auch das Licht verantwortlich. Farben ändern sich **permanent**, je nach Stärke und Einfall des Lichts. Sie sind also eigentlich Erscheinungsfarben. Da unsere Augen ungemein anpassungsfähig sind und sich sofort der jeweiligen Lichtsituation anpassen, werden uns die vielen Farbvariationen nur selten bewusst.

Bei der Wahrnehmung von Farben spielt auch unsere Lebenserfahrung, geprägt durch die Umgebung, eine große Rolle. So unterscheidet ein Eskimo mehrere Weißtöne des Schnees, weil er seine schneegeprägte Lebenswelt genau erkennen muss, während ein Wüstenbewohner so selten mit Grünem in Berührung kommt, dass manche Völker dafür gar keine Bezeichnung haben.

Farbtypen

Obwohl also die Welt nicht wirklich bunt ist, spielen Farben bei der Gestaltung eine entscheidende Rolle. Das Phänomen Farbe hat seit eh und je Philosophen, Physiker und Dichter fasziniert. Schon in der Antike hat sich der Philosoph

Abb. 195

Abb. 196

Farbkreise

Aristoteles damit auseinander gesetzt, vom Dichterfürsten Goethe, der selbst eine Farbenlehre ausarbeitete, ganz zu schweigen. In jüngerer Zeit entwickelte unter anderem der Schweizer Maler und Kunstpädagoge Johannes Itten (1888-1967), der am Bauhaus in Weimar lehrte, einen 12er-Farbkreis (Abb. 196).

Hier interessiert uns vor allem die praktische Seite der Zuordnung und Mischung von Farben. Deshalb wollen wir die zwei grundlegenden Farb-Misch-Modelle vorstellen, die entweder im Druck oder am Bildschirm relevant sind.

Subtraktive Farbmischung (Körperfarben)

Hier werden die Primärfarben Cyan (blau), Magenta und Yellow (CMY) physikalisch gemischt, ihre Mischung ergibt zusammen Schwarz (Abb. 197). Werden diese Farben jeweils miteinander gemischt, wird immer weniger Licht reflektiert, bei Schwarz sogar nichts mehr, da es alles Licht absorbiert. Deshalb nennt man diese Farbmischung die subtraktive Mischung. Die hier durch Mischung zweier Primärfarben entstehenden Sekundärfarben werden mit Rot (R), Grün (G) und Blau (B) bezeichnet.

Abb. 197

Dieses CMY-System ist Standard in der Druckindustrie. Dabei ist zu beachten, dass das Ergebnis der Mischung zweier Primärfarben immer **dunkler** als die Ursprungsfarben erscheint. Da in der Praxis außerdem nur mit der CMY-Mischung keine überzeugenden Ergebnisse erzielt werden können, nimmt man im Vierfarbdruck zusätzlich Schwarz hinzu. Es wird mit K (für Key = Schlüssel) bezeichnet, so dass wir von einer CMYK-Mischung sprechen.

Additive Farbmischung (Lichtfarben)

Bei den Lichtfarben werden die Primärfarben Blau, Rot und Grün (RGB) gemischt (Abb. 198). Dabei ergibt ihre Summe Weiß, sie werden also zu Weiß addiert, weshalb wir von der additiven Farbmischung sprechen. Bei diesem System werden die durch Mischung zweier Primärfarben entstehenden Sekundärfarben mit CMY bezeichnet.

Abb. 198

Das RGB-System liefert die Basis für die Farben am Bildschirm. Das Ergebnis der Mischung zweier Lichtfarben erscheint dabei immer **heller** als die Ursprungsfarben.

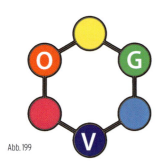

Abb. 199

Abb. 200

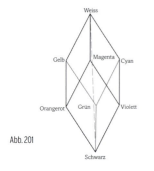

Abb. 201

Lesetipp:
Harald Küppers,
Harmonielehre der Farben

Urfarben
„Farbe ist immer und ausschließlich die Sinnesempfindung des Betrachters, denn es gibt keine Farbe, wo kein Betrachter vorhanden ist, der über ein intaktes Sehorgan verfügt." (Küppers)

Das Küpper'sche Farbmodell

Harald Küppers (*1928), Ingenieur für Drucktechnik, hat das subtraktive und additive Farbmodell miteinander kombiniert (Abb. 199). Mit diesem Farbkreis hat er ein einfaches System geschaffen, mit dem Farben geordnet werden können. Bei Küppers besteht das komplette Farbenspektrum aus acht Farben: Aus den sechs Buntfarben beider Modelle und den beiden unbunten Farben Schwarz und Weiß. Unbunt deshalb, weil sie entweder alles Licht reflektieren, wie Weiß, oder eben absorbieren wie Schwarz.

Diese acht Farben bezeichnet der Pionier der Farbenlehre als Grundfarben. Wenn mit deckenden Farben gearbeitet werden soll, müssen sie alle vorhanden sein. Keine dieser Grundfarben lässt sich genau so aus den anderen Farben mischen. Das Modell ist auch unter dem Namen **VGO** bekannt. Dabei steht V für Violettblau, wie Küppers Blau nennt, und O für Orangerot statt Rot.

Außerdem hat Küppers den so genannten Farb-Rhomboeder (Abb. 201) entwickelt, eine Art dreidimensionaler Farbkörper. Die Grundfläche ist aber nicht wie beim Würfel ein Quadrat, sondern ein Parallelogramm. Der Rhomboeder bildet den gesamten Farbraum ab. Jede beliebige Farbnuance kann hier korrekt und exakt wiedergefunden, ihre Position im Rhomboeder mathematisch beschrieben werden.

Mehr Überblick und Durchblick gibt Küppers zweidimensionale Farbsonne (Abb. 200). Sie besteht aus zwölf Strahlen, auf deren Abstufungen Spektralfarben platziert sind. Auf einem Strahl befinden sich immer Farben gleicher Buntart. Komplementärfarben liegen sich gegenüber.

Nebenbei: Wir sehen nicht nur Tausende von Farben, die Verwirrung fängt schon bei ihrer Bezeichnung an. Wenn Sie sich die Bezeichnung in den Farbmodellen einmal genau ansehen, werden Sie feststellen, dass die Farben im ersten Modell Englisch, im zweiten Deutsch und bei Küppers wieder anders bezeichnet werden. Das hängt damit zusammen, dass in den unterschiedlichen Berufen, die sich mit Farbe beschäftigen, verschiedene Bezeichnungen verwendet werden. Sei's drum. Merken Sie sich einfach die Modelle und lassen Sie sich nicht verwirren.

Von Giftgrün bis Kuschelgelb

Nachdem wir nun die Farben identifiziert und gemischt haben, fragen wir uns: Wie wirken sie eigentlich? Jede Farbe entfaltet eine bestimmte Wirkung, jeder Farbeindruck ist unmittelbar ein stark **emotionales** Erlebnis, am ehesten noch vergleichbar mit der Kraft der Musik. So erreicht man mit der richtigen Farbigkeit sofort eine starke Aufmerksamkeit des Betrachters. Farbe wirkt direkt. Es ist wichtig, am individuellen Farbgefühl zu arbeiten. Je mehr Sie sich unterschiedliche Nuancen und Farbstimmungen bewusst machen und gleichzeitig über die Wirkung reflektieren, desto eher wissen Sie aus dem Bauch heraus, welche Farbigkeit für Ihre Gestaltung die richtige ist. Es gibt keine Regeln!

Farbpsychologie

Ob bei der Mediengestaltung oder bei der Einrichtung von Messeständen: Farben können gezielt nach ihrer psychologischen Wirkung eingesetzt werden und verstärken damit Botschaft und Konzeption. Deswegen sind unten ein paar mögliche Wirkungen aufgeführt. Sicher fallen Ihnen noch weitere ein.

Gelb	dynamisch, wandlungsfähig, extrovertiert
Grün	realistisch, naturverbunden, lebensfroh
Türkis	abwartend, verteidigend
Cyan	passiv, konzentriert, pflichtbewusst
Violett	statisch, beharrend, introvertiert
Magenta	idealistisch, transzendent, theoretisch
Rot	energisch, erobernd, tatkräftig
Braun	zurückgezogen, behaglich
Grau	gleichgültig, versteckt, unbeteiligt
Weiß	illusionär, realitätsfern
Schwarz	pessimistisch, hoffnungslos, zwanghaft

§ 15 Farben wirken – stark emotional und ganz direkt. Setzen Sie Farbe nicht nur ästhetisch, sondern auch psychologisch ein. So wird Ihr zu gestaltendes Medium noch effektvoller und wirkungsvoller.

Farbkontraste

Farben entfalten nicht nur psychologisch eine Wirkung, sondern auch optisch. Indem man sie kombiniert, entstehen spannende Kontraste. Auch hier kommt es darauf an, die Kontraste aktiv wahrzunehmen und sie sich wirklich bewusst zu machen.

Hier haben wir die wichtigsten Kontrasttypen aufgeführt. Achten Sie beim Betrachten der Bilder auf die Wirkung der Farben.

Farbe-an-sich-Kontrast

Kontrast verschiedener Farben zueinander. Allein durch das Nebeneinander unterschiedlicher Farben entsteht eine Kontrastwirkung. Die Farben wirken für sich und im Wechselspiel mit den Nachbarn (Abb. 202).

Hell-Dunkel-Kontrast

Durch den Kontrast von (Farb-)Flächen verschiedener Helligkeit (Abb. 203) kann häufig Spannung im Bild aufgebaut werden. Wir achten in der Regel viel zu wenig auf die Helligkeit einer Farbe, weil wir uns von ihrer Farbigkeit „blenden" lassen. Geschickt eingesetzt, ist der Hell-Dunkel-Kontrast viel mehr als ein reiner Farbkontrast.

Kalt-Warm-Kontrast

In Abb. 204 ergibt sich der Kontrast aus der unterschiedlichen Temperatur, die wir Farben zuordnen. So werden das Farbspektrum von Gelb bis Rot als warm empfunden, während das von Blau bis Grün Empfindungen von Kühle hervorruft. Der Kalt-Warm-Kontrast eignet sich hervorragend für das Hervorheben von Stimmungen.

Qualitäts- und Quantitätskontrast

Abb. 205 zeigt einen Qualitätskontrast. Er entsteht, wenn Farbflächen unterschiedlicher Farbqualität zusammentreffen, leuchtende und vergraute Farben. Der Quantitätskontrast beschreibt, wie groß der Anteil einer Farbigkeit oder eines Farbtons im Gegensatz zu einem anderen auf einem Bild ist.

Komplementär-Kontrast

Die Farben in Abb. 206 liegen sich auf dem Farbkreis gegenüber. Mit dem Einsatz eines Komplementärkontrastes kann man starke Aufmerksamkeit erzielen. Er wird häufig eingesetzt und ist Basis vieler Gestaltungen.

Simultan-Kontrast

Hier führt die Kombination unterschiedlicher Farben dazu, dass der gleiche Farbton anders wirkt, je nachdem auf welcher Hintergrundfarbe er sich befindet (Abb. 207). Vorder- und Hintergrundfarbe stehen in einem ständigen Spannungsverhältnis. Schatten, neutrale Grautöne im Hintergrund verändern sich in Richtung der Komplementärfarbe der Vordergrundfarbe.

Abb. 202

Abb. 203

Abb. 204

Abb. 205

Abb. 206

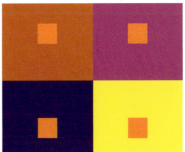
Abb. 207

Mit Farben gestalten
Praktische Tipps

Wer mit Farbe gestaltet, arbeitet immer mit unterschiedlich starken Kontrasten. Diese kann man bewusst einsetzen. Hier folgen einige Anregungen, die den Blick für die Welt der Farben schärfen sollen.

Zu bunt
Viele Farben auf einmal erzeugen schnell ein zu „buntes" Bild, das vom eigentlichen Bildmotiv und der Bildaussage ablenkt. Betrachten Sie „gute" Farbbilder. Häufig werden Sie feststellen, dass diese mit relativ wenig verschiedenen Farben auskommen.

Sättigung
Hoch gesättigte Farben leuchten sehr stark. Je mehr Grauanteil eine Farbe hat, desto „gebrochener" wirkt sie. Ihre geringe Sättigung erzeugt eine flachere Bildwirkung. Je mehr Weiß eine Farbe enthält, desto heller, und je mehr Schwarz sie hat, umso dunkler wirkt sie. So kommen leuchtende Farben am besten zum Ausdruck, wenn sie neben weniger gesättigten platziert werden.

Monochrom
Wenn viele gleichartige Farben in einem Bild überwiegen, entsteht ein monochromer Bildeindruck. Ein zusätzlicher komplementärer „Farbtupfer" kann hier eine sehr gute Blickfangwirkung erzeugen. Aber auch monochrome Bilder haben ihren ganz eigenen Reiz. Hier ist jedoch der Bildaufbau entscheidend, da die Farben allein schnell langweilig werden können.

Abb. 208
Reduktion auf wenige Farbtöne

Raum
Verschiedene Farben haben in einem Motiv ein unterschiedliches Raumbedürfnis. Helle Farben neben dunklen Farben benötigen zum Beispiel weniger Fläche, um gleich stark zu wirken. Falsch eingesetztes **Farbgewicht** kann ein Motiv unscheinbar machen, richtig eingesetzt kann es seine Wirkung erheblich steigern.

Digitale Bildbearbeitung

Alle Bilder werden heute digital nachbearbeitet. Das hat nichts mit Manipulation zu tun, sondern ist ein völlig normaler Arbeitsvorgang. In der Regel geschieht dies mit dem Quasi-Bildverarbeitungsstandard-Programm Adobe Photoshop.

Notwendige Korrektur

Bestimmte Motive vermitteln auf dem Bildschirm immer den Eindruck, dass sie die Realität nicht wiedergeben. Ein klassisches Beispiel dafür ist Feuer. Meistens erscheint es zu gelbstichig, während unsere Augen mehr Rot sehen. Bei Photoshop können über den Menüpunkt ‚Selektive Farbkorrektur' die Farbanteile bei einzelnen Farbkanälen geändert werden.

Tonwertkorrektur

Um festzustellen, ob das Schwarz wirklich schwarz und das Weiß wirklich rein weiß ist, eignet sich die Tonwertkorrektur von Photoshop. Durch die Korrektur von Mittelwerten ist es möglich, mittelmäßige Bilder aufzuwerten. Doch Achtung: Bei dieser Operation gehen auch Daten verloren und im verbleibenden Bereich zwischen hell und dunkel wird gestreckt.

Arbeiten im Lab-Modus

Wenn man vom RGB-Modus in den Lab-Modus wechselt, kann man ausschließlich den Helligkeitskanal bearbeiten. Vorteil: An den Farben ändert sich nichts und damit vermeidet man bei der Farbbearbeitung einen großen Verlust von Daten.

Farbsättigung

Durch die Photoshop-Funktion Farbton/Sättigung ist es möglich, den Sättigungsgrad einzelner Farben zu ändern. Um einen bemerkenswerten Effekt damit auszulösen, sollte man jedoch nicht für alle Farben in gleichem Maße die Sättigung erhöhen, sondern auswählen. So kann man schon mal Sonnenlicht ins Bild zaubern, wo eigentlich gar keins ist.

Lesetipps:
Lee Varis
skin

Ted Padova, Don Mason
Color Correction
for digital Photographers

Das CIE-Modell
Aus dem Farbsystem von Munsell ist die CIE-Normtafel entwickelt worden und zwar von der Commission Internationale de l'Eclairage (Internationale Kommission für Beleuchtung), auf die die Abkürzung zurückgeht. Das Modell hat die Form eines Hufeisens oder einer Zunge. Die meisten technischen Farbbeschreibungen stützen sich auf dieses Modell. Da es jeder präzise gemessenen Farbe einen eindeutigen numerischen Wert zuweist, wird es beim Management von Farben in digitalen Systemen verwendet.

Über Schrift & Typografie

Gutenbergs Erbe

Auch wenn sich durch Bilder vieles ausdrücken lässt, kommen wir doch nicht um die Beschäftigung mit Schrift herum. Es ist zwar über 550 Jahre her, dass Gutenberg das erste Mal mit beweglichen Lettern druckte, aber dennoch hat er eindrucksvolle Spuren hinterlassen. Eine Vielzahl von Lehrbüchern beschäftigt sich ausschließlich mit Schrift und deren Gestaltung und ein eigener Berufsstand – der des Schriftsetzers – hat sich viele Jahrhunderte nur auf die Gestaltung mit Schrift konzentriert.

Das erklärt, weshalb wie in keinem anderen Bereich der Mediengestaltung gerade in der Typografie eine Fülle von Lehrsätzen und Regeln existieren. Allerdings gibt es genauso viele Gründe und Argumente, genau diese Regeln zu brechen.

Hier wollen wir keine Lanze für irgendeine Typografieschule oder -philosophie brechen. Es soll vielmehr darum gehen, elementare Grundsätze der Schriftgestaltung kennen zu lernen und ein Gefühl für Typografie zu entwickeln.

Egal ob Online oder Print: In jedem Medium spielt Schrift immer eine wichtige Rolle. Für die Mediengestaltung ist der Umgang mit Schrift zunächst das Arbeiten mit vorgefertigten Elementen, den Buchstaben. Aus einer Fülle von Schriften (derzeit existieren ca. 10.000 verschiedene) gilt es jeweils die passende **richtige** Schrift auszuwählen. Und wer die Wahl hat, hat die Qual! Denn jede Schrift hat ihre ureigene Wirkung und Ausstrahlung und jede Schrift löst auch ganz bestimmte Assoziationen und Emotionen aus.

Was also tun? Zunächst hilft es, sich an das zu erinnern, womit wir begonnen haben: neu sehen und zweidimensional zu denken. Zusätzlich greifen Sie – speziell hier bei der Schrift – auf Ihr Grundwissen über den Figur-Grund-Kontrast zurück. Vor allem aber sind zwei Dinge zu tun:

Weg vom Lesen ...

Das ist Regel Nr. 1

Kümmern Sie sich nicht um den Inhalt, sondern konzentrieren Sie sich auf die Fläche. Denn in der Gestaltungsarbeit ist jede Schrift zuallererst einmal eine **Grauwert-Fläche**, die harmonisch in die Gesamtgestaltung eingebettet werden muss. Die Schrift soll hierbei bewusst nicht als Inhaltsbotschaft wahrgenommen (also gelesen) werden, sondern als **grafisches Element**. Buchstaben sind gestaltete Zeichen und Formen mit spezifischen Geometrien.

... hin zum Gestalten

Ausgehend von der Gesamtbotschaft und dem gewünschten Kommunikationseffekt gilt es gezielt zu überlegen, welche Schrift wie eingesetzt werden soll. Dabei spielt eine Rolle, welche **Hierarchien** wichtig und notwendig sind – Überschriften, Fließtexte, Bildunterschriften usw. – und wie diese Schriftelemente mit den anderen Gestaltungselementen, also Fotos, Grafiken, Bildern, Hintergründen usw., harmonieren.

Wenn Sie, mit diesem Wissen im Hinterkopf, beginnen, sich mit Schrift zu befassen, werden Sie es merken. Trotz aller guten Vorsätze wird parallel bei Ihnen ein entgegengesetzter Prozess ablaufen. Sie lesen den Text und erfassen seinen Inhalt. Das wiederum hat eine Rückkoppelung auf die Gestaltung. Aber dennoch: Jetzt geht es erst einmal darum, Schrift ganz streng wirklich „nur" als Gestaltungselement zu sehen.

Weg vom Lesen, hin zum konzeptionellen Gestalten – das klingt doch ganz einfach. Aber wie Sie wissen, ist häufig gerade das Einfache schwer. Sie brauchen für den optimalen Einsatz der Schrift viel Erfahrung und Gespür. Deswegen fangen Sie am besten gleich mit den beiden folgenden Übungen an.

Übung „Schrift neu sehen lernen"

Ziel dieser Übung ist es, sich Schrift wirklich bewusst zu machen und sie richtig anzuschauen. Sehen Sie sich bitte die ausgewählten Schrifttypen unten an und überlegen Sie sich: Wie wirkt jede einzelne Schrift?

Welche Assoziationen löst sie aus? Ist sie verspielt, streng, sachlich, vernünftig, altmodisch usw.? Welche Schrift erregt Aufmerksamkeit, welche weniger? Wichtig: Lassen Sie sich ruhig etwas Zeit dabei und sehen Sie zweimal oder auch dreimal hin. ■

Genaues Hinsehen erschließt die unterschiedliche Schrift-Anmutung. Optima 18pt

Genaues Hinsehen erschließt die unterschiedliche Schrift-Anmutung. Clarendon bold 18pt

Genaues Hinsehen erschließt die unterschiedliche Schrift-Anmutung. Garamond 18pt

Genaues Hinsehen erschließt die unterschiedliche Schrift-Anmutung. Bodoni Antiqua 18pt

Genaues Hinsehen erschließt die unterschiedliche Schrift-Anmutung. Hoefler Text 18pt

Genaues Hinsehen erschließt die unterschiedliche Schrift-Anmutung. Fette Fraktur 18pt

Genaues Hinsehen erschließt die unterschiedliche Schrift-Anmutung. Futura Bold 18pt

Abb. 209

Übung „Handschrift"

Um ein Grundgefühl für Typografie zu bekommen, schließen wir gleich eine weitere Übung an. Versuchen Sie, einzelne Buchstaben, Wörter der gerade gesehenen Schriften mit der Hand exakt nachzuzeichnen – erleben Sie Schrift als etwas Handfestes. Gerade heute, wo uns der Computer alle erdenklichen Schriften per Tastendruck liefert, gibt uns die Handarbeit ein tieferes und damit besseres Verständnis für Schrift. ■

Abb. 210

Wenn Sie diese Übung wirklich gewissenhaft machen, wird Ihnen möglicherweise beim Betrachten auffallen, dass Sie zwar sehr gut gezeichnet, aber ein Wort falsch geschrieben haben, weil Sie einen Buchstaben vergessen haben. Prima! Sie sind auf dem richtigen Weg! Denn nun haben Sie Schrift wirklich als Gestaltobjekt gesehen – und vom Inhalt abstrahiert. Damit haben Sie unsere erste Regel „Weg vom Lesen!" verinnerlicht.

Grundsätzliches zur Schrift

Wie Abb. 212 sehr schön zeigt, werden die Buchstaben einer Schrift aus drei geometrischen Grundformen entwickelt: Dreieck (A), Quadrat (M) und Kreis (O). Jede Schrift hat dabei ihre individuellen Proportionen.

Schrift wird innerhalb eines festen Rasters beschrieben. Die Fachbegriffe kommen aus dem Vokabular des Schriftsetzers, dennoch sollte sie auch jeder kennen, der am Computer mit Schrift hantiert. So bezeichnet die Versalhöhe die Höhe der Großbuchstaben, Serifen sind Abschlussstriche an Kopf oder Fuß des Buchstabens, während mit Punzen der Raum zwischen Buchstabenteilen gemeint ist. Beides sind entscheidende Kriterien, um Schriften zu unterscheiden. In Abb. 211 finden Sie diese und weitere Begriffe, die sich selbst erklären. Schulen Sie Ihr Auge und **vergleichen** die verschiedenen Verhältnisse von x-Höhe zu Oberlänge bei den verschiedenen Schriftarten in Abb. 209.

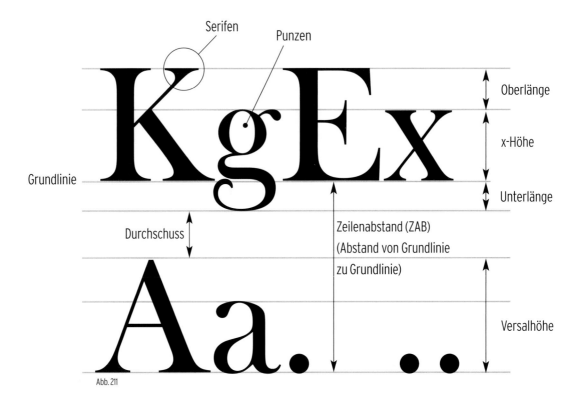

Abb. 211

Was Sie noch unbedingt wissen sollten

Wie für die Gestaltung überhaupt, gibt es auch für die Arbeit mit Schrift einige Grunderfahrungen, die Sie immer berücksichtigen sollten. So sind Sie als Gestalter zu erkennen, der Respekt vor der Schrift hat.

Abstand halten

Wortzwischenraum und Zeilenabstand sind bei größeren mehrzeiligen Texten wesentlich für seine Lesbarkeit. Hier gilt, dass sie besser wird, wenn der Wortabstand deutlich kleiner ist als der Zeilenabstand.

45 Zeichen

Kurze Zeilen mit maximal 45 Zeichen sind auf einen Blick gut und vor allem schnell zu erfassen. Wenn es mehr Zeichen werden, muss sich das Auge von links nach rechts über die Zeile bewegen. Das kostet Mühe und Zeit.

Abb. 212

Anderes Medium, andere Wirkung

Was auf Papier gedruckt gut aussieht, kann auf einem Bildschirm völlig „daneben" sein. Deshalb prüfen Sie bei jedem Medium neu, mit welcher Schrift Sie gestalten. Auch der **Faxtest** hilft dabei. Schicken Sie Ihre Schriftgestaltung einmal durch Ihr eigenes Fax. Kommt die Botschaft beim Empfänger dann immer noch gut lesbar an?

Schauen, probieren und selber urteilen

Gerade bei der Typografie gilt: Sie müssen **selbst** urteilen und schauen, ob und wie die Schrift stimmig ist. Wählt man zum Beispiel eine Antiquaschrift (mit Serifen) oder eine serifenlose Groteskschrift aus? Hier entscheiden die jeweilige Botschaft und das Augenmaß.

Die Grunderfahrungen sind das eine. Wenn Sie sie beachten, sind Sie schon ein gutes Stück weiter. Dennoch: Es gibt Schriftfamilien mit senkrechter und mit waagerechter Führung, es gibt harmonische Schriftmischungen und es gibt sehr gewagte Schriften.

Was wir hier mitgeben können, ist die Anregung, Schrift als eine **Welt der Schriften** wahrzunehmen und für sich zu entdecken.

Und so wollen wir auch **keine Regeln** aufstellen, sondern nur dazu anregen, Typografie bewusst als Gestaltungselement einzusetzen. Dann darf sie auch absichtlich gegen klassische Regeln verstoßen. Zahlreiche Beispiele moderner Typogestaltung weisen den Weg und spalten die Gemüter.

Schriftmaß

Maße für Schriftgrößen

1 Inch = 6   Pica   = 25,4 mm
1 Pica = 12   Points
6 Pica = 72   Points = 1 Inch
1 Point = 1/72 Inch
6 Pica = 72   Punkt = 1 Inch

Die Messung der Schriftgröße erfolgt nicht in unserem ansonsten gebräuchlichen metrischen System, sondern in Punktgrößen. Und hier existieren unterschiedliche Systeme, von denen vor allem zwei bedeutsam sind. Das Didot-System ist das in Kontinentaleuropa gebräuchliche, während das Pica-System - auf Inch und Zoll beruhend - das im angelsächsischen Raum verwendete ist. Daraus ist auch der DTP-Punkt entstanden, der für Sie vor allem interessant ist, da Satz heute nahezu zu 100 % am Computer entsteht. Das sind seine Eckdaten:

1 DTP-Punkt = 0,352 mm.

Klassische Verbote

Lesetipps:
Hans Peter Willberg,
Erste Hilfe in Typografie

Gewerkschaft Druck und
Papier Zürich,
Lehrmittel für typografisch
Interessierte, Bd. 1-4

In der Tradition der Schriftsetzer gibt es zahlreiche typografische Verbote. Auch am Computer hat es sich als sinnvoll erwiesen, diese klassischen Regeln zu beachten. Hier sind einige davon. Sie sollten sie unbedingt kennen und auch beherzigen.

▸ Kein nachträgliches Fettmachen, sondern Verwenden eines fetten Schriftschnitts; zum Beispiel Garamont bold!
▸ Kein nachträgliches Kursivmachen, sondern Verwenden eines kursiven Schriftschnitts; zum Beispiel Garamont italic!
▸ Kein ß im Versaltext! Niemals! Das gilt als dilettantisch und sieht furchtbar aus. Verwenden Sie SS.

- Keine falschen Anführungszeichen! Im deutschen Sprachraum gilt: 99 unten - 66 oben - „".
- Keine falschen Trenn- und Gedankenstriche! Trenn- bzw. Bindestrich (Devis in der Druckersprache): -, Gedankenstrich: –.
- Keine falschen Kapitälchen, sondern eine echte Kapitälchen-Schrift verwenden!
- Kein falsches Apostroph! So sieht ein Apostroph aus: ', nicht wie der Akzent auf einem Buchstaben: ` (accent grave im Französischen).
- Keine zu weiten oder zu schmalen Buchstabenabstände!

Willkommen im Gruselkabinett. Die folgenden Textbeispiele (Abb. 213) zeigen Ihnen, wie es nicht sein sollte. Wenn Sie die Beispiele ansehen, wird Ihnen Ihre lange Leseerfahrung schnell signalisieren, dass etwas nicht stimmt. Also vermeiden Sie diese klassischen Typovergehen!

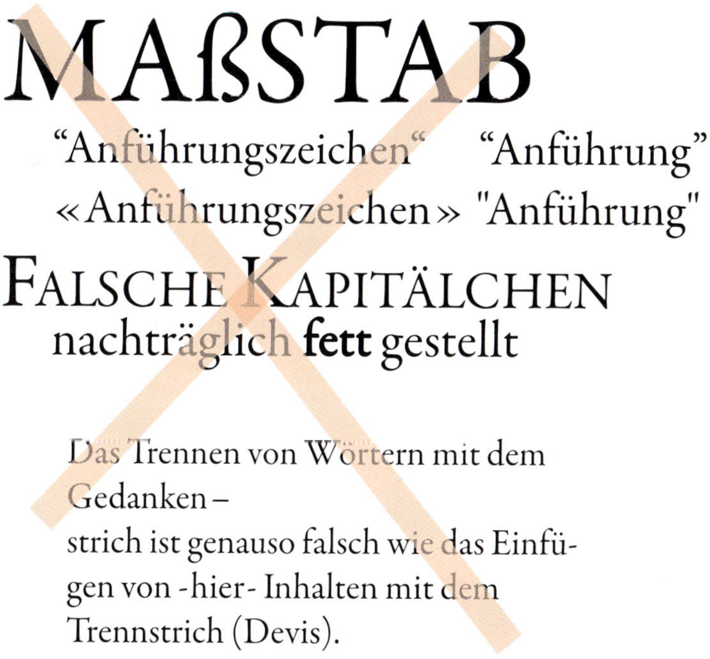

Abb. 213

In der langen Schriftsetzertradition sind Begriffe und Regeln entstanden, die Sie beim Setzen am Computer unbedingt kennen sollten.

Eselspfad
Das ist ein löchriger Blocksatz, wo die Wortzwischenräume so übereinander liegen, dass sich senkrecht zur Leserichtung weiße Linien bilden.

Hurenkind
So wird die letzte Zeile eines Absatzes am Anfang einer Seite oder Spalte bezeichnet. Das Hurenkind gilt als typografische „Todsünde", da abgesehen von der unästhetischen Wirkung, der Leserhythmus unnötig gestört wird.

Schusterjunge
Der Schusterjunge ist der Gegensatz zum Hurenkind und meint die alleinstehende Anfangszeile eines Absatzes am Ende einer Spalte oder Seite.

Zwiebelfisch
Dieser Ausdruck aus der Bleisatzära beschreibt einen Buchstaben, der aus einer anderen Schrift stammt (zum Beispiel Helvetica-e statt Futura-e).

Kapitälchen
Kapitälchen sind Kleinbuchstaben, die die Form von Großbuchstaben haben, in ihrer Strichstärke und Laufweite aber den Kleinbuchstaben entsprechen und so eine gleichmäßige Grauwirkung des Textbildes erzielen. Echte Kapitälchen sind spezielle Zeichensätze.

Hervorhebungen

Andererseits gibt es auch Dinge, die Sie tun dürfen, um zum Beispiel den traurigen Eindruck von Bleiwüsten zu vermeiden. Bei der Schriftgestaltung gibt es viele Möglichkeiten, eine angenehme Spannung zu erzeugen: fette oder kursive Hervorhebungen, Initiale am Anfang eines neuen Kapitels, Absätze bilden u.v.a. So kann das Schriftbild des Textes aufgelockert und sinnvoll gegliedert werden – was insgesamt den Lesefluss und die Lesefreude erhöht.

Auch hier gilt, dass das Medium wiederum entscheidend ist. Den Text aufzulockern und spannend zu machen, ist sicher im Internet wesentlich wichtiger als im Wirtschaftsteil einer überregionalen Tageszeitung.

Checkliste Typo

▸ Sehen Sie Schrift gestalterisch wie alle anderen grafischen Elemente!

▸ Gewichten Sie Schriftelemente und wägen Sie deren visuelles Gewicht gegenüber anderen Elementen, wie Fotos oder Grafiken, ab!

▸ Achten Sie auf formale Qualität: Buchstabenabstände, Lesbarkeit, Zeilenfall usw.!

▸ Fragen Sie sich: Passt die Schriftenauswahl zu Thema, Botschaft und Zielgruppe?

▸ Und: Passen die einzelnen Schriftelemente zueinander?

▸ Beachten Sie die Hell-Dunkel-Verteilung im Format!

▸ Überlegen Sie: Was wird bei flüchtiger Betrachtung auf jeden Fall, was gerade noch, was gar nicht gelesen?

▸ Und: Was kann weggelassen werden? Sind zu viele/zu wenig verschiedene Schriften oder Schriftschnitte benutzt worden? (In der Regel sind es zu viele.)

▸ Wichtig: Trotz gestalterischer Sichtweise sollten Sie zum Schluss den Text auch lesen.

§ 16 Typografie ist zum einen Grauwert – ein Gestaltungselement – und zum anderen Schlauwert: Machen Sie sich schlau, lesen Sie den zu gestaltenden Text und verstärken Sie die Botschaft durch typografische Gestaltung.

Ein paar Sätze zum Satz

Neu sehen lernen – diese Grundregel der Mediengestaltung gilt nicht nur bei der Schriftgestaltung, sondern natürlich auch beim Satz. Dazu gehören u.a. das Ausgleichen von Buchstabenabständen (Abb. 214), insbesondere bei Überschriften, die Dimensionierung des Zeilenabstandes und das Anlegen eines Textgrundrasters (Satzspiegel).

Besondern wichtig ist die Entscheidung für ein Satzbild, das möglichst klar sein sollte. Blocksatz, Flattersatz (Abb. 215), Rechtsbündigkeit oder Linksbündigkeit, für welchen Satz entscheiden Sie sich?

Kerning
Mit Kerning bezeichnet man das Ausgleichen von Buchstabenabständen. Das ist Pflicht bei allem, was größer ist als ca. 18 pt. Der Negativraum zwischen den Buchstaben sollte bei allen Buchstaben ungefähr gleich groß sein.

ABSTÄNDE
 normale Satzschrift
- schlecht!

ABSTÄNDE
 nachträglich ausgeglichene Zeile
- besser!

Abb. 214

Flattersatz
Abb. 215

optimierbar:
**Bei links- oder rechtsbündigem Flattersatz gilt die Regel „LANG-KURZ-LANG"
So ist das Ganze lesbar. Vermeiden Sie Treppen oder Bäuche.**

besser:
Bei links- oder rechtsbündigem Flattersatz gilt die Regel: „LANG-KURZ-LANG" So ist das Ganze lesbar. Vermeiden Sie Treppen oder Bäuche.

Treppen und Bäuche
Abb. 216

Guter Blocksatz enthält weder Löcher noch gesperrte Zeilen, sondern vermittelt einen sehr harmonischen, gleichmäßigen Schrifteindruck.

Guter Blocksatz enthält weder Löcher noch gesperrte Zeilen, sondern vermittelt einen sehr harmonischen, gleichmäßigen Schrifteindruck.

Bildschirmtypografie

Ein Bildschirm ist keine Zeitschrift. Das klingt banal und ist es auch. Aber genau deswegen gelten für die Gestaltung von Online-Medien besondere Regeln. Das wichtigste Kriterium ist immer die Lesbarkeit. Deswegen sind viele Gestaltungsmöglichkeiten und Typo-Raffinessen, die bei Printmedien anwendbar sind, bei Websites nicht einsetzbar.

Der Bildschirm hat eigene Typo-Gesetze. Der Auswahl der Schrift gilt zuerst unser Augenmerk. Am Bildschirm sind Groteskschriften, also Schriften ohne Serifen, wie zum Beispiel die Helvetica, „eckiger" und lassen sich so lesbarer in Pixel übersetzen. Bei Antiquaschriften mit Serifen, die auf Papier etwas besser lesbar sind, kommt es am Monitor durch Überstrahlung (Abb. 239) zu Problemen. Das liegt vor allem am Kontrast zwischen den dicken und dünnen Strichen innerhalb der Antiquaschriften. Deshalb entscheiden Sie sich am besten für Groteskschriften.

Für die technische Einbindung der Schrift gibt es eigentlich nur zwei Möglichkeiten: Entweder man verwendet Systemfonts oder bindet die Schrift als Grafik ein. Beides hat Nachteile. So können Systemfonts an verschiedenen PC-Monitoren unterschiedlich erscheinen, während die Grafiken eine höhere Ladezeit erfordern. Ein Dilemma, aber für eine Möglichkeit müssen Sie sich entscheiden.

Überstrahlung

Schwarz auf weiß, so haben wir das Lesen gelernt. Der Monitor strahlt jedoch heller als ein weißes Blatt Papier, deshalb sind die Kontraste dort anders. So kommt es zum Überstrahlen der Buchstaben in den Randbereichen. Das heißt, die Schrift erscheint auf dem Monitor immer dünner als sie in Wirklichkeit ist. Deshalb sollten Sie einen fetteren Schriftschnitt wählen oder den Hintergrund abdunkeln, um die Überstrahlung geringer zu halten. Für Lauftexte sollten außerdem keine mageren Schriftschnitte verwendet werden. Normale und fettere Schriftschnitte sind gut geeignet, wenn man die Laufweite (also den Buchstabenabstand) etwas erhöht. Auch die Auflösung des Bildschirms schränkt die Gestaltungsmöglichkeiten erheblich ein. Technisch bedingt hat der Bildschirm lediglich eine von maximal 72 dpi. Zum Vergleich: Bei Printme-

Keine Gestaltung im Web?

Wie immer gilt, dass der Gestalter individuell entscheiden muss. Unsere Praxis-Tipps sollen Ihnen hierbei behilflich sein. Und noch etwas: Auch wenn es zunächst so aussieht, als hätten Sie bei Online-Medien in der Typografie weniger Gestaltungsmöglichkeiten, gibt es auch die andere Seite. Bei Multimedia-Anwendungen und Websites übernimmt die Typografie wichtige Zusatzaufgaben in der Navigation und bei der Kennzeichnung von Steuerelementen. Hier eröffnet sich ein völlig neues Feld für die Gestaltung mit Schrift ...

dien liegt dieser Wert bei 2400. Alles, was wir am Bildschirm sehen können, ist aus kleinen quadratischen Flächen zusammengesetzt, den so genannten Pixeln. Deswegen werden kursive Buchstaben und Rundungen zwangsläufig zu eckigen Treppen. Hier schafft das „Glätten" der Buchstaben etwas Abhilfe. Durch das so genannte **Antialiasing** werden die Randbereiche der Buchstaben unscharf gestellt. So wird das Schriftbild ruhiger und klarer. Als Faustregel gilt dabei: Ab einer Schriftgröße von 16 Punkt sehen geglättete Schriften besser aus, unter 16 Punkt wirken ungeglättete Schriften schärfer.

Lesen am Monitor
Ganz schön ermüdend!
Nachdem wir die Schrift gewählt und richtig eingesetzt haben, noch ein Wort zum Text. Da die Lesegeschwindigkeit am Monitor ca. 30 % geringer ist als bei Printmedien, sollten Sie **weniger Text** verwenden. Und diese geringere Textmenge sollte typografisch unbedingt aufgelockert sein, zum Beispiel durch einen größeren Zeilenabstand und kürzere Zeilen.

Ermüdend kann auch das so genannte **Scrollen** sein. Wenn die Seite für einen Text nicht ausreicht, muss ein gesunder Kompromiss aus „Runterscrollen" und zu einer neuen Seite wechseln, gefunden werden. Häufig wird ein Text dann in drei Teile gegliedert: ein kurzer Aufmacher (ohne Scrollen), eine weiterführende Seite (mehr Text, auch ohne Scrollen) und schließlich für die, die es wirklich interessiert, Folgeseiten mit Scrolltext.

Abb. 217

Checkliste Bildschirmtypografie
- Achten Sie auf größere Buchstabenabstände.
- ... und mehr Zeilenabstand!
- Verwenden Sie kürzere Zeilen (maximal 35 Zeichen).
- ... und außerdem kurze Texte! Das vermeidet Scrollen.
- Setzen Sie Groteskschriften oder spezielle Monitorschriften ein. Schreibschriften sind am Monitor eher ungeeignet!
- Verwenden Sie bei Fließtexten eine Punktgröße von mindestens 12 Punkt!
- Glätten Sie Schriften mit mehr als 16 Punkt!

An-Ordnung ist das halbe Leben

Layout und Seitenaufbau für Online- und Offline-Medien

Der Begriff Layout bezeichnet die Seitengestaltung von konventionellen Print- sowie elektronischen Medien. Ziel ist es, alle Elemente auf einer Seite – Texte, Grafiken, Bilder, Logos – so anzuordnen, dass eine harmonische und gut verständliche Einheit entsteht. Das heißt nichts anderes, als die einzelnen Elemente bewusst zu gewichten.

Dabei muss der Gestalter in zwei Richtungen denken und arbeiten. Zum einen sollte er den Betrachter im Auge haben, denn ihm soll sich der Inhalt des Layouts schnell und eindeutig erschließen. Zum anderen sollte die Gestaltung des Layouts Aufmerksamkeit erregen und einen professionellen Gesamteindruck erzeugen. Und professionell meint hier, Gestaltelemente wie Texte und Grafiken als farbige Flächen zu erkennen und damit einen unserer visuellen Grundsätze anzuwenden.

Layouten ist deshalb immer ein bewusstes und geplantes Arbeiten, Struktur und systematische Anordnung sind hier wichtiger als spontane Kreativität. Oder wie es der Graphik-Designer und bildende Künstler Karl Duschek (*1947) auf den Punkt bringt: „Formate und Gestaltungsraster haben **dienende** Funktion.“

Bei jedem Medium stellt sich die Frage neu, ob jede Seite einzeln gestaltet oder eine durchgängige Linie entwickelt werden soll – und wie ähnlich bzw. einzigartig jede Seite gelayoutet wird. Hier spielen konzeptionelle Überlegungen eine Rolle, zum Beispiel wenn ein Medium viele Seiten hat und eine klare, wiederzuerkennende Struktur geschaffen werden soll.

Layouten bedeutet im Wortsinn nichts anderes als „Auslegen“. Die verschiedenen Elemente werden auf einer definierten Fläche – ob Zeitschriften- oder Bildschirmseite – hin- und hergeschoben, bis eine optimale Gewichtung und Verteilung erreicht ist. So gesehen ist jedes Layout wirklich Auslegungssache. Aber wie immer gibt es Praxiswissen, das Sie dabei kennen und berücksichtigen sollten.

Satzspiegel

Mit Satzspiegel wird diejenige Fläche bezeichnet, auf der sich sämtliche zu verteilende Bild-, Text- und Grafikelemente befinden.

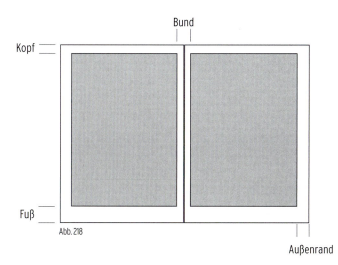
Abb. 218

Variablerer Satzspiegel

Bei einer Doppelseite (Abb. 219) ergeben sich aus den Diagonalen die möglichen Eckpunkte eines Satzspiegels. Der Vorteil dieser Methode ist, dass der Satzspiegel immer die gleichen Proportionen wie die Einzelseite hat. Dies schafft eine harmonische Grundstruktur und Ästhetik.

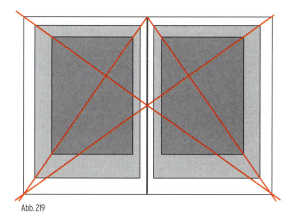
Abb. 219

Satzspiegel im Goldenen Schnitt

Erinnern Sie sich an den visuellen Grundsatz vom Goldenen Schnitt. Auf den Satzspiegel bezogen bedeutet er, dass der Satzspiegel genauso hoch ist wie die Seite breit. So wird ein hohes Maß an Harmonie erreicht.

Bei der Diagonalkonstruktion nach dem Goldenen Schnitt ergibt sich der Ausgangspunkt für den Satzspiegel B also durch Ziehen einer Parallele zur Diagonalen C (Abb. 220).

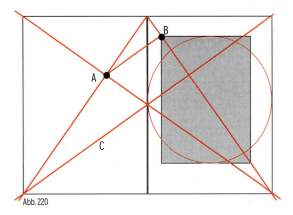

Abb. 220

Satzspiegel im Verhältnis 2:3 – 4:6

Hierbei werden die Außenbereiche des Satzspiegels, die Stege, im Verhältnis 2:3 und 4:6 geteilt. So hat der Satzspiegel in etwa die Proportionen von einer A4-Seite (Abb. 221).

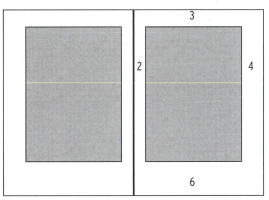

Abb. 221

Neuner-Teilung

Diese Art von Satzspiegel ist eine häufig bei Büchern verwendete Teilungsmethode. Für den Bund verwendet man 1/9 der Seitenbreite, für den Außensteg 2/9 (Abb. 222).

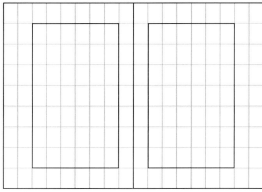

Abb. 222

Gestaltungsraster

Innerhalb eines Satzspiegels sollte das Anordnen von Text- und Bildelementen auf einem grundlegenden Prinzip beruhen. Es empfiehlt sich deshalb unbedingt, ein Gestaltungsraster zu entwerfen. Das ist eine durchgängige Systematik, die entweder aus gleich großen Kästchen - Modulmethode (Abb. 223) - oder waagerechten und senkrechten Linien - Liniengitter (Abb. 224) - besteht. An diesen Hilfslinien sollten sich dann alle Gestaltelemente (Texte, Bilder, Grafiken usw.) ausrichten.

Es ist in jedem Falle ratsam, ein Gestaltungsraster anzulegen, um eine durchgängige und wiedererkennbare Grundgestaltung über mehrere Seiten verwirklichen zu können. Dies gilt für Printproduktionen ebenso wie für Webseiten.

Grundlinienraster

Sämtliche Fließtexte einer mehrseitigen Publikation (Periodika oder Website) sollten registerhaltig sein, das heißt alle Zeilen sollten auf demselben (unsichtbaren) Linienraster stehen. Der Zeilenabstand ist so für alle Fließtexte gleich. Der Fließtext steht dabei auf dem Grundlinienraster (Abb. 225).

196

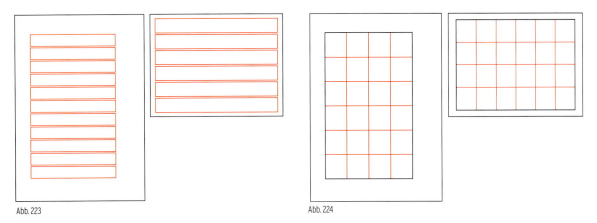

Abb. 223

Abb. 224

Abb. 225

Übung „Layout"

Layouten Sie ein Plakat für eine Tanzveranstaltung. Wählen Sie dazu ein Hochformat in DIN A4 (210 mm x 297 mm) aus, und layouten Sie drei verschiedene Gestaltelemente:

1. die Überschrift „Tanzen"
2. die Illustration „tanzendes Paar"
3. die Textinformation:
   „Für Anfänger und Fortgeschrittene, Dienstags 17.30 Uhr
   in der Cafeteria"

Abb. 226

Abb. 227

Versuchen Sie nun, durch verschiedene Anordnung der Gestaltelemente unterschiedliche Wirkungen zu erzielen. Denken Sie dabei bitte auch an die Checkliste mit den neun visuellen Merkmalen aus Kapitel 4. Variieren Sie zum Beispiel das Merkmal „Größe" bei Ihrem Layoutvorschlag und danach vielleicht das visuelle Merkmal „Anordnung". Sie werden sehen, es entstehen sehr unterschiedliche Gestaltungen: mal interessant, mal langweilig, mal spannungsreich oder eher konventionell. Denken Sie immer über die Reihenfolge und Informationshierarchie Ihrer Gestaltungen nach: Wie wichtig sind Ort und Datum? Wie wichtig sind das tanzende Paar, Überschrift, Termin usw.?

Jetzt steht die Grundgestaltung. Dann ist es Zeit, über einige andere Gestaltmerkmale nachzudenken, zum Beispiel über Farbe und Farbgebung oder eine andere Typografie.

Es ist wie immer beim Gestalten: Es gibt **unendliche Möglichkeiten** und Variationen. Fassen Sie das als Herausforderung auf und denken Sie daran: Es geht vor allem darum, der Aussage der Kommunikation, also der Botschaft, gerecht zu werden. ■

Abb. 228

Ein Wort zum Text

Gute Zeilen, schlechte Zeilen – beide werden gelesen. Entscheidend ist auch hier, wie sie wirken. Nachdem Sie nun (mehr oder weniger) zufrieden sind mit Ihrer Gestaltung, fehlt nur noch der Text. Und der soll weder die Grafik beschreiben noch den Betrachter verwirren oder überfordern, so dass er womöglich gleich den Blick abwendet von der ansonsten sehr überzeugenden Gestaltung.

Wie also soll er sein? Das Wichtigste: Betrachten Sie den Text niemals losgelöst von der Gestaltung, zwischen beiden besteht eine enge Beziehung. **Wort und Bild** sollen sich gegenseitig ergänzen und es ist ganz genau dieses Spannungsverhältnis, das ein Medium als Ganzes interessant macht.

Dieses spezifische Verhältnis hat ganz praktische Auswirkungen: Beschreiben Sie nicht noch einmal, was auf dem Bild bereits zu sehen ist – die meisten Menschen können sehen. Ergänzen Sie das Bild mit einem Text, der darüber hinaus weist. Stellen Sie zum Beispiel eine Frage und laden zum Dialog ein oder schaffen Sie Assoziationen, die überraschen oder arbeiten Sie mit Gegensätzen. Aber merken Sie sich vor allem die Grundregel: Beschreiben Sie nie das gezeigte Bild!

„Machen Sie ja **kurze** Texte ...". Diesen Satz bekommt ein Texter mehrmals täglich zu hören. Da ist natürlich was Wahres dran. Andererseits sagt er gar nichts darüber aus, ob der Text tatsächlich gut ist. Denn kurze Texte können genauso schlecht sein wie lange und umgekehrt lange gut geraten. Und außerdem gilt: Je kürzer ein Text ist, desto länger brauchen Sie unter Umständen, um ihn zu schreiben. Denn nichts ist schwieriger als eine Botschaft auf den Punkt zu bringen. Aber das Wichtigste ist, dass er verständlich ist und die Botschaft der Gestaltung schnell und unkompliziert transportiert – „simple" eben.

In diesem Zusammenhang wollen wir Ihnen eine weitere der so griffigen englischen Abkürzungen (Sie erinnern sich an AIDA?), die in der Werbe- und Marketingbranche kursieren, nicht vorenthalten. **KISS** lässt sich nicht nur beim Texten anwenden.

(Corporate) Wording

Genauso wie ein Corporate Design kann ein Unternehmen auch einen eigenen Textstil entwickeln. Das Wording umfasst die Strategie, wie Text und Sprache sein sollen und wie sie bei der Kommunikation eingesetzt werden.

K Keep   (= Halte)

I it   (= es)

S short and   (= kurz und)

S simple   (= einfach).

So ist die graue Theorie, doch wie sieht die Praxis aus? Was passiert, wenn Ihnen einfach nichts einfällt – außer womöglich einer Beschreibung des Gezeigten. Auch hier gelten alle Regeln, die wir für Kreativität aufgestellt haben. Wechseln Sie den Ort, machen Sie eine Pause, versuchen Sie sich in ihre Zielgruppe hineinzuversetzen. Beim Texten kann das Mind Mapping besonders helfen: Assoziieren Sie Begriffe, die mit dem auf dem Bild gezeigten Gegenstand oder der Situation zu tun haben, assoziieren Sie dann weiter und weiter und vergessen Sie vor allem die Gegensätze nicht.

Und das Wichtigste: Die Schreibblockade gar nicht erst aufkommen bzw. die Angst vor dem weißen Blatt immer mächtiger werden lassen. Daher gilt hier, anders als bei der Gestaltung: Den Computer nicht ausschalten. Hier ist er ein Segen, denn Sie können eintippen, was Ihnen spontan einfällt, auch wenn Sie noch nicht zufrieden damit sind. Später können Sie die Entwürfe problemlos ändern. Und die Erfahrung zeigt, dass der erste Text meistens gar nicht so schlecht war. Probieren Sie es aus, es funktioniert!

Legen Sie also in den Text genauso viel **Professionalität** wie in die Gestaltung. Denn wenn professionelle Gestaltung auf einen schlechten Text trifft, dann stimmt die Chemie einfach nicht. Damit sie stimmt, verinnerlichen Sie unsere Checkliste.

Lesetipps:

Helga Zimmer-Ploetz,
Professionelles Texten

Hans-Peter Förster,
Corporate Wording

Checkliste Text

▸ Das Wichtigste: Beschreiben Sie nichts, was die Gestaltung zeigt!
Gehen Sie mit Ihrem Text darüber hinaus.

▸ Ebenso wichtig: Denken Sie an Ihre Zielgruppe!
Studenten fühlen sich durch einen anderen Text angesprochen als
Universitätsprofessoren.

▸ Vermeiden Sie lange Schachtelsätze! Sätze sind ab ca. 26 Wörtern schwer
verständlich.

▸ Verwenden Sie viele Verben, ausreichend Adjektive und wenige Substantive!
Das vermittelt den Eindruck von Aktion und wirkt lebendig und aktiv.

▸ Bleiben Sie nicht im Abstrakten, sondern werden Sie konkret! Details sind
besser als das Ganze, Fakten besser als nebulöse Behauptungen.

▸ Achten Sie auf Verständlichkeit! Wenn Sie einen englischen Text
verwenden, testen Sie ihn, sofern sie zur Zielgruppe gehören, am Hausmeister oder der netten Verkäuferin im Drogeriemarkt.

▸ Texten Sie so, wie die Leute sprechen! Dann fühlen sie sich angesprochen
und interessieren sich für die Botschaft.

▸ Passen Sie Ihren Text an das Medium an! Verwenden Sie z.B. Verben des
Hörens im Radio und des Sehens für Print und Fernsehen.

▸ Überraschen Sie Ihre Leser mit Ideen, Pointen und Humor! Das bleibt im
Gedächtnis, und Ihre Gestaltung zeigt Wirkung.

▸ Machen Sie keine Rechtschreib-, Grammatik- oder Kommafehler!
Das kann die schönste Gestaltung verderben, daher besser den Text noch
mal von jemand anderem Korrektur lesen lassen.

▸ Lassen Sie den Text (möglichst) mindestens einen Tag „abhängen" und
prüfen Sie am nächsten Tag: Wirkt er mit Abstand genauso, wie ich es mir
vorgestellt habe?

▸ Übrigens: Wenn es nichts zu sagen gibt, dann gibt es auch nichts zu texten.
Vor einem überzeugenden, selbstredenden Bild schweigt der Text.

Abb. 229

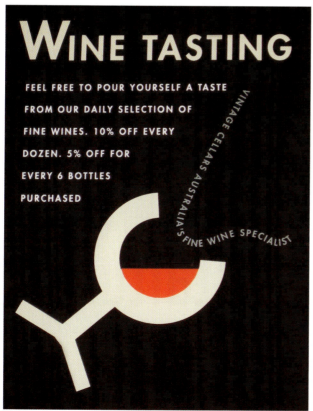

Abb. 230

Zwei Beispiele
Sixt -
gelungener Text

Wine Tasting -
gelungene Typografie

11
bewerten
von Gestaltung

BEWERTEN VON GESTALTUNG

In Kapitel 11:

▸ Wie ist Gestaltung zu bewerten?

▸ Welche objektiven Kriterien kann man dabei anwenden?

Argumente sprechen lassen!

Und jetzt ist alles gut? Ist denn alles gut? Um das wohl schwierigste Kapitel unserer Branche dürfen wir uns nicht drücken. Das ist die Bewertung von Gestaltung. Was ist gut – und was ist schlecht? Gibt es überhaupt objektive Kriterien für die Bewertung von Gestaltung oder ist nicht am Ende alles Geschmacks- und Gefühlssache, rein subjektiv eben? Wir sagen, eine objektive Bewertung ist möglich.

> **§ 17 Professionelle Mediengestaltung kann man objektiv erkennen und mit klaren Kriterien beschreiben: Argumente kommen vor Geschmack!**

Worum geht es bei der Gestaltung von Medien? Auf den Punkt gebracht, ist es die Frage, welche Botschaft wie an wen kommuniziert werden soll. Entscheidend dabei ist es, die Ziele zu erreichen, die **vorher** definiert worden sind. Erinnern Sie sich an die entsprechenden Checklisten im Kapitel 8. Deswegen muss unsere Frage für die Beurteilung von Gestaltung lauten: Sind die Ziele des Briefings erreicht worden? Sie kennen das, beim ersten Blick auf eine Gestaltung reagieren Sie spontan: „Das gefällt mir" oder eben auch „Das gefällt mir nicht!". Genau um diese emotionale Reaktion geht es hier **nicht**. Sondern wir stellen uns die Frage: „Weckt die Gestaltung das Interesse der Zielgruppe oder wird diese mit Desinteresse reagieren?" Die folgenden Fragen bieten Ihnen ein gutes Gerüst, um eine Gestaltung objektiv zu beurteilen. Sie können auch auf einer Skala von 0 - 10 Punkte verteilen und am Ende zusammenrechnen. Dies rationalisiert das Bewerten und hilft sehr beim Beurteilen.

Was ist der Blickfang?

Interesse kann durch einen bewussten oder einen latenten Impuls geweckt werden. In der Regel versucht professionelle Mediengestaltung, über einen Blickfang oder einen interessanten Einstieg die **Aufmerksamkeit** des

Betrachters zu erregen. Besitzt also die Gestaltung eine starke Aufmacher-idee, an die man sich gut erinnert und die leicht gespeichert werden kann? Und setzt sie damit einen „Haken"? Oder kommt sie eher unscheinbar daher – das gilt es zuerst zu bewerten.

Was ist das Versprechen?

Dem Blickfang als Aufmacher müssen ein interessantes Versprechen und Inhalt folgen – also Substanz. Das kann eine rationale Aussage oder ein emotionaler Nutzen sein. Denken Sie an das, was wir ebenfalls in Kapitel 8 über Grund- und Zusatznutzen von Produkten oder Dienstleistungen gesagt haben.

Was gibt es Neues zu sehen oder zu lesen?

In der mit Reizen nicht geizenden Medien- und Informationsgesellschaft spielen Originalität und Innovation bei Gestaltung eine herausragende Rolle, einfach, damit sie auffällt. Gibt es etwas Neues, noch nie (so) Gesehenes, womit sie beeindruckt und unterhält? Oder ist sie reizlos und wenig originell, weil sie nichts Neues bringt? Alles schon mal da gewesen also.

Sieht sie klasse aus?

Die rein formalen Kriterien ästhetischer Gestaltung haben wir ausführlich behandelt: Optimale grafische Wirkung, gute und spannende Fotos, lese-freundliche und dennoch innovative Typografie – alles das macht die gute ästhetische Qualität eines Mediums aus. Und die können wir mit unseren Kenntnissen Schritt für Schritt bewerten. Dabei können wir aber auch das ästhetische Kontrastprogramm erleben: langweilige Gestaltung, schwer ver-ständliche Schrift und Mängel in der Grafik.

Ist das Ganze in sich stimmig?

Betrachten wir das gestaltete Medium nun als Gesamtkomposition. Dabei kön-nen wir uns unter anderem fragen: Harmoniert der Inhalt mit der äußeren Form? Stimmt die Wertigkeit der Gestaltung mit der der Botschaft oder des Produkts überein? Ist die entstehende Stimmung passend? Passt diese Art der Gestaltung zum Produkt, zum Auftraggeber und zur Zielgruppe?

Fazit: Sie sehen, dass es sehr wohl möglich ist, Gestaltung mit Argumenten statt mit Geschmacksurteilen zu bewerten. Diese Fähigkeit sollten Sie üben, denn die kompetente Bewertung gehört zu professioneller Mediengestaltung selbstverständlich dazu.

Pretest

Gerade bei groß angelegten Kampagnen empfiehlt es sich darüber hinaus, einen Pretest zu machen. Er misst die Akzeptanz und die zu erwartende Effizienz der Kommunikation mit Hilfe einer kleinen Gruppe. Das ist die beste Form der Wirkungs- und somit Erfolgskontrolle und sie ergänzt Ihre professionelle Eigenbewertung. Es geht auch weniger aufwändig: Durch gezielte Umfragen in kleinerem Rahmen ist eine **Vorabmessung** möglich. Aber Achtung: Nur dann bei der Putzfrau nachfragen, wenn sie zur tatsächlich anvisierten Zielgruppe gehört!

Checkliste Bewertung
▸ Was ist das Ziel – was steht im Briefing?
▸ Was ist der Blickfang – was ist der Widerhaken?
▸ Was ist das Versprechen – was ist der Nutzen?
▸ Was gibt es Neues zu sehen – gibt es etwas Neues zu sehen?
▸ Sieht das Ganze richtig klasse aus – wie ist die ästhetische Qualität der Gestaltung?
▸ Ist das Ganze stimmig – wie wirkt die Gestaltung als Gesamtkomposition?
▸ Gibt es keine bessere Lösung – warum ist eine Alternative schwächer?

Übung „Gestaltung bewerten"
Analysieren Sie bitte die Fotos auf der Seite gegenüber und beantworten Sie folgende Fragen:
▸ Was steckt für ein Konzept dahinter? Welche Bildaussage wird gemacht?
▸ Wie würde welche Zielgruppe auf die verschiedenen Fotos reagieren?
▸ Ist die Gestaltung, Komposition gelungen und professionell?
▸ Wenn ja, warum, wenn nein, warum nicht? ▪

207

11. BEWERTEN VON GESTALTUNG

Abb. 255

12
Richtig
Präsentieren

RICHTIG PRÄSENTIEREN

Eine gute Idee zu haben und ein gutes Gestaltungskonzept, das ist die eine Sache. Aber das ist erst die halbe Miete. Die andere Hälfte: das Ganze auch gut zu verkaufen. Und das ist etwas völlig anderes! Viele gute Ideen und Gestaltungen sind nur deshalb nie verwirklicht worden, weil sie nicht professionell (genug) präsentiert wurden.

Schade! Deshalb lautet unsere Grundregel:

§ 18 Professionelle Mediengestaltung muss immer auch professionell präsentiert werden.

Bitte beherzigen Sie diesen Paragrafen ganz besonders – schließlich sollen Sie nicht um die Früchte Ihrer Arbeit gebracht werden. Und außerdem ist es gar nicht so schwer, professionell zu präsentieren. Neben viel Übung helfen am Anfang grundlegende Erfahrungswerte aus der Praxis. Wir haben sie hier zusammengetragen.

Die Präsentation ist ... die Krönung

Eine Präsentation ist das Finale, die Krönung eines langen Prozesses: Sie haben analysiert, eine Strategie entworfen und gestaltet. Jetzt geht es darum, die Arbeit dem Kunden vorzustellen und sie ihm zu verkaufen. Das ist alles, was Sie brauchen:

1. eine gehörige Portion positives Denken und Selbstvertrauen,
2. eine klare Dramaturgie der Präsentation,
3. Argumentation statt Geschmacksdiskussion

Bei einer Präsentation stellen Sie vor allem Ihre **eigene Person** vor: Ihre Selbstsicherheit, Ihre Kompetenz und Ausstrahlung übertragen sich auf das Publikum. Gehen Sie deshalb positiv gestimmt in die Präsentation hinein, schließlich haben Sie frohe Botschaften dabei: eine professionelle Gestal-

---

In Kapitel 12:

▸ Warum muss eine Konzeptidee immer präsentiert werden?

▸ Was muss ich bei einer guten Präsentation beachten?

▸ Welche Rolle spielt das Publikum bei einer Präsentation?

tungsarbeit, eine kreative Konzeption und eine ideenreiche Kampagne. Falls Sie doch ein bisschen nervös sind und auch sonst, erleichtert es Ihnen den Start, wenn Sie sich diese kurze Formel vorsagen: „Ich bin gut – und mein Publikum ist gut!"

Aber gehen wir der Reihe nach vor. Mit den folgenden Hinweisen haben Sie ein gutes Grundgerüst zur Hand.

Vorbereiten

Es klingt banal, wir sagen es aber trotzdem: Bereiten Sie sich auf den Ablauf der Präsentation vor. Spielen Sie das Ganze einmal „trocken" durch, zum Beispiel zu Hause vor dem Spiegel. Dann sind Sie bestens präpariert. Und klären Sie dabei:

▸ Welche Medien kommen zum Einsatz (Power Point, Pappen, Film usw.)?
▸ Wer nimmt an der Präsentation teil?
▸ Welche Dramaturgie ist optimal?
▸ Was sind mögliche Einwände und Knackpunkte?

Start

Legen Sie erst dann los, wenn wirklich Ruhe eingekehrt ist. Denn Sie wollen und brauchen die ganze **Aufmerksamkeit** für Ihre Präsentation – und die sollte Ihrem Publikum schon die volle Konzentration wert sein.

Die ersten Sätze: Vorschau

Fallen Sie nicht gleich mit der Tür ins Haus, sondern leiten Sie Ihre Präsentation ein. Heben Sie zum Beispiel ihre Bedeutung hervor und betonen Sie den praktischen Nutzen Ihres Vortrags: „Wir haben ein Problem gelöst … ."

Geben Sie dann eine **Vorschau** darüber, was die Zuhörer erwartet und ziehen Sie einen roten Faden durch die gesamte Präsentation. Damit steuern Sie die Erwartungshaltung Ihrer Zuhörer und geben eine klare Orientierung. Das erleichtert das Verstehen ungemein und verhindert falsche Erwartungen.

Der erste Eindruck entscheidet

Meistens ist schnell entschieden, wie Ihre Präsentation ankommt. Versuchen Sie deshalb bereits in den ersten Momenten, die Zuhörer für sich zu gewinnen und machen Sie einen Schnellcheck der Gesamtsituation:

▸ Wie ist die Stimmung?
▸ Gibt es Spannungen im Raum?
▸ Wer strahlt Sympathie aus – wer Antipathie?

Wittern Sie die Signale!

Von der Gesamtwirkung Ihrer Person werden 50 % über nonverbale Signale kommuniziert. Im Moment der Präsentation entscheiden Rhetorik, Mimik und Ausstrahlung weit mehr als alle inhaltlichen Argumente.

Die Zuhörer Ihrer Präsentation werden zunächst Sie und erst dann Ihre Arbeit bewerten. Wenn Sie als Person „durchfallen" macht sich vermutlich niemand mehr die Mühe, über Ihre Arbeit nachzudenken. Seien Sie sich dessen bewusst! Und achten Sie darauf, positive Signale auszusenden:

▸ offene Hände (und keine verschränkten Arme),
▸ ein freundliches Gesicht (und keine geballte Faust),
▸ einen ruhigen, stetigen Blick (und nicht mit dem Rücken zum Publikum)!

Immer im Blickfeld

Der direkte Blickkontakt ist ein Zeichen der Wertschätzung. Senken Sie deshalb nie den Blick, sondern sehen Sie Ihr Gegenüber so häufig wie möglich an. Sollten Sie dennoch Angst haben, Ihrem potentiellen Auftraggeber direkt in die Augen zu schauen, fixieren Sie seine Nasenwurzel.

Dramaturgie leben

Bieten Sie Abwechslung – wechseln Sie Ihren Standort öfter mal und setzen Sie verschiedene Medien ein: So wirkt Ihre Präsentation lebendig und spannend.

Stimme bewusst einsetzen

Reden Sie bestimmt – und sprechen Sie eher langsam. Auch wenn es Ihnen subjektiv zu langsam vorkommt: Für Ihre Zuhörer ist das gerade die optimale Geschwindigkeit. Und machen Sie **Pausen**, Sie kennen das, was Sie gerade erzählen sehr genau, aber Ihr Publikum hört es zum allerersten Mal. Der mit Abstand am häufigsten gemachte Fehler ist die zu hohe (Präsentations-) Geschwindigkeit. Die Inhalte müssen sich setzen können. Wiederholungen werden meist nicht als negativ empfunden.

Feedback und Fragen

Beachten Sie die nonverbalen und die verbalen Feedback-Signale im Raum – und versuchen Sie, die **Körpersprache** des Publikums zu deuten: Sie werden sehen, dass ganz schön viel kommuniziert wird.

Aktivieren Sie Ihre Zuhörer immer wieder: Stellen Sie Fragen und sprechen Sie einzelne Personen im Raum direkt an: „Was meinen Sie dazu?"

Ganz wichtig bei Ihrer Präsentation: Versuchen Sie immer auf der Ebene der **Argumente** zu bleiben und nicht auf die Geschmacksebene zu wechseln. Wenn Sie beispielsweise die Farbe Blau eingesetzt haben, dann deshalb, weil Sie vielleicht Kühle oder Kompetenz vermitteln wollen, aber nicht, weil Ihnen blau einfach gut gefällt.

Der Mensch im Mittelpunkt

Auch wenn heute Beamer, Power Point und Laptops die Szene beherrschen, im Zentrum steht dennoch der Mensch. Versuchen Sie, ein direktes und persönliches **Verhältnis** zu ihrem Publikum aufzubauen. Und schenken Sie Ihren Zuhörern mindestens genauso viel Aufmerksamkeit wie dem zu behandelnden Thema. Es lohnt sich!

Vergessen Sie nicht: Sie stellen sich – und erst dann Ihre Arbeit vor. Der Kunde arbeitet mit Ihnen persönlich zusammen, nicht mit einer Idee oder einer Gestaltung.

Checkliste Präsentation

▸ Präsentieren Sie grundsätzlich Ihre Gestaltungsarbeit persönlich.
Nicht gut: Sie kommentarlos überreichen oder gar per Post schicken.

▸ Denken Sie positiv und präsentieren Sie gut gelaunt! Das sind Sie Ihrer
Gestaltungsarbeit und Ihrem Publikum schuldig.

▸ Seien Sie vorbereitet! Üben Sie mindestens einmal trocken.

▸ Wählen Sie vorab die passenden Präsentationsmedien aus.

▸ Wählen Sie die entsprechende Dramaturgie.

▸ Erklären Sie bei Beginn der Präsentation, was das Publikum erwartet.

▸ Setzen Sie Ihre Gestik und Mimik bewusst ein und beachten Sie die Mimik
des Publikums.

▸ Stellen Sie gezielt Fragen und fordern Sie Feedback ein.

▸ Lassen Sie Argumente sprechen und reden Sie nicht über Geschmack.

Übung „Präsentation"

Suchen Sie sich in Ihrer Gruppe ein kontroverses Thema aus (Beispiel: Kernenergie, Geschwindigkeitsbegrenzung, Umwelt vs. Wirtschaft usw.). Es sollte in Ihrer Runde sowohl Gegner als auch Befürworter dieses Themas geben.

Nun versuchen Sie einmal, genau die gegenteilige Auffassung Ihrer eigenen Meinung zu vertreten. Argumentieren Sie möglichst plausibel und schlüssig.

Überlegen Sie sich anschließend, wie Sie diese (Ihrer eigenen Meinung entgegenstehende) Auffassung **verschiedenen** Zielgruppen (zum Beispiel Studenten, Hausfrauen, Geschäftsleuten usw.) klar machen würden. ■

Abb. 232

215

12. RICHTIG PRÄSENTIEREN

SCHLUSSWORT

Der konzeptionelle Ansatz

Prima, wenn Sie am Schluss dieses Buches genau diese Frage stellen: „Wie geht es weiter?" Denn dann haben wir unser Ziel erreicht:

▸ Lust machen auf Gestaltung
▸ Sensibilisieren für Gestaltung
▸ Experimentieren und Ausprobieren mit Gestaltung

Denn der Anfang von allem ist... es einfach zu wagen und auszuprobieren. Den ersten Schritt tun, ins kalte Wasser springen.

Mediengestaltung ist zuallererst **echtes Handwerk**: Es gibt Basiswissen und visuelle Grunderfahrungen, auf denen alles aufbaut. Das haben wir gezeigt. Und das heißt auch: Wenn es jetzt am Anfang noch nicht recht klappt, die Zeit arbeitet für Sie. Sie können jeden Tag neu sehen lernen und neue visuelle Erfahrungen machen. Lässt man sich auf den **Prozess** der Gestaltung erst einmal ein, dann geschehen viele Dinge wie von allein: Wissen und Bewusstsein für Farbe, Format und Typografie entstehen und mit jedem neuen Layout und jedem neuen Konzept wächst die Sicherheit - und die Lust, Neues auszuprobieren.

Klar wurde auch: Was zählt, ist die **Idee**. Ganz unabhängig vom Medium geht es darum, eine klare Konzept- und Gestaltungsidee zu entwickeln.

Mediengestaltung, das haben wir gesehen, ist ein vielschichtiger Prozess: Konzeptionelle Arbeit, Ideenfindung und visuelles Gestalten gehen Hand in Hand. Dabei entwickelt jeder Gestalter seine eigene Handschrift: Der eine startet mit einem Scribble, der andere geht inhaltlich los und schreibt alle Ideen und Begriffe aufs Papier. Gemeinsam ist dem Profi: Zuerst entsteht die Idee, dann das Layout oder der Screen.

§ 19 Erst denken, dann PC einschalten!

Erst wenn die Idee im Kopf und auf dem Papier steht, dann ist es sinnvoll, den Computer einzuschalten. Hinsetzen und umsetzen – dafür ist der Computer genial, aber um die Idee zu finden, dafür ist der Computer völlig falsch.

Wie lässt sich das spannende Verhältnis von Gestalter und Technik beschreiben? Lassen Sie uns dazu ein Bild entwerfen: „Mein Fotoapparat macht gute Bilder!", kennen sie diesen Satz? Er sagt viel aus über unser zuweilen unreflektiertes Verhältnis zur Technik. Denn, es ist nicht die Kamera, die die Bilder gut macht – es ist der Mensch, der im richtigen Moment auf den Knopf drückt! Natürlich hilft komfortable Technik dabei, ein Resultat zu toppen. Aber nicht mehr und nicht weniger. **Der Gestalter muss entscheiden**, welches Bild er machen will. Welche Elemente seine Bildkomposition enthalten soll – und welche nicht. Er gestaltet bewusst sein Bild. Und die Technik hilft dabei, dass das Resultat perfekt wird. Die Technik ist Hilfsmittel, Auslöser – bei der Kamera im wahrsten Sinne des Wortes – ist immer der Mensch, der Mediengestalter.

Das ist der **konzeptionelle Ansatz**, den wir hier im Bereich Mediengestaltung vertreten und befördern wollen.

Mediengestaltung ist

...eine permanente Herausforderung: Die rasante technische Entwicklung im Bereich Kommunikation und Medien eröffnet ständig neue Möglichkeiten.

Mediengestaltung heisst...

Verantwortung übernehmen: Die Kritik an der Allgegenwärtigkeit und Macht der Medien mahnen den Gestalter, auch Grenzen zu definieren.

Mediengestaltung ist...

ein Thema ohne Ende: Wir haben hier den Anfang gemacht.

Schreiben und gestalten Sie es fort. Und beherzigen Sie dabei vielleicht diejenige Regel, von der man immer wieder hört, die aber selten wirklich konsequent eingelöst wird:

§ 20 Weniger ist mehr.

Die Autoren

CHECKLISTEN

Checkliste „Alle Neune" – Die visuellen Merkmale

Mit den neun visuellen Merkmalen haben Sie einen ganzen Baukasten für kreatives Arbeiten und Gestalten. Wenn Sie bewusst und reduziert mit diesen Merkmalen arbeiten, werden Sie feststellen: das ist ein unerschöpfliches Kreativ-Arsenal.

1. Machen Sie sich alle neun visuellen Merkmale bewusst:

- Form
- Farbe
- Helligkeit
- Größe
- Richtung
- Textur
- Anordnung
- Tiefe
- Bewegung

Checkliste Big Idea

- Hat es mir den Atem verschlagen, als ich die Idee zum ersten Mal sah?
- Hätte ich diese Idee gerne selbst gehabt?
- Ist sie einzigartig?
- Passt die Idee perfekt in meine Strategie?
- Lässt sie sich 30 Jahre lang verwenden?

Checkliste Internet

▸ Bauen Sie das Internet in ihr Konzept ein und machen sie dieses online-tauglich.

▸ Geben Sie dem User Gelegenheit, selbst aktiv zu werden auf Ihrer Plattform! So erfahren Sie viel über Ihre potentiellen Kunden.

▸ Beachten Sie: Die Website muss immer aktuell sein und gleichzeitig unterhalten.

▸ Strukturieren Sie die Site klar und übersichtlich!

▸ Überlegen Sie sich sehr genau, wer Ihre Zielgruppe ist und welche Bedürfnisse sie hat. Die Nutzungsgewohnheiten im Internet sind sehr unterschiedlich.

▸ Orientieren Sie sich beim Aufbau an der üblichen Struktur: links das Menü, oben Banner mit Logo und Slogan und die Übersicht über den Content.

▸ Berücksichtigen Sie auch die technischen Anforderungen an die Site. Lange Wartezeiten und unübersichtliche Formulare schrecken ab.

▸ Außerdem wichtig: eine schnelle und einfache Benutzerführung und eine hohe Treffsicherheit bei der Suchfunktion.

▸ In der Kürze liegt die Würze, wenn es um den Text geht. Auch sollte er leicht verständlich sein und schnell zu informieren.

Checkliste Marke

▸ Corporate Concept – Es definiert das zentrale Versprechen der Marke: Kompetenz, Leistungen, Konzept der Marke.

▸ Corporate Design – Das umfasst alle visuellen Merkmale der Marke: Logo, Schrift, Farben, Bildwelt.

▸ Corporate Architecture – Sie beschreibt die baulich-stoffliche Dimension: Materialien, Messestände, Display-Formen, Stoffe usw.

▸ Corporate Sound – Hier geht es um den Klang: Jingles, Musik von Telefon-Hotlines, Website, Werbespots .

Checkliste Visualisierung

▶ Gewöhnliches ungewöhnlich darstellen

▶ Prägnant sein und plakativ arbeiten

▶ Einfach ist am besten – und einzigartig

▶ Selbstständig sein und unverwechselbar: Mut haben

▶ Anknüpfen an bekannte Informationen und bekannte Zeichen

▶ Logisch und grafisch stimmig sein heißt: schneller wirken.

▶ Durchgängig und einheitlich auftreten – wie eine Marke.

▶ Das Formale nie aus den Augen verlieren:

> Signalwert
>
> Bedeutung
>
> Verfremdung
>
> Positiv-/Negativ-Kontrast
>
> Struktur und Rhythmus
>
> Spannung und Balance
>
> Symmetrie und Asymmetrie
>
> Räumlichkeit und Farbigkeit

Checkliste Typo

▸ Sehen Sie Schrift gestalterisch wie alle anderen grafischen Elemente!

▸ Gewichten Sie Schriftelemente und wägen Sie deren visuelles Gewicht gegenüber anderen Elementen, wie Fotos oder Grafiken, ab!

▸ Achten Sie auf formale Qualität: Buchstabenabstände, Lesbarkeit, Zeilenfall etc.!

▸ Fragen Sie sich: Passt die Schriftenauswahl zu Thema, Botschaft und Zielgruppe?

▸ Und: Passen die einzelnen Schriftelemente zueinander?

▸ Beachten Sie die Hell-Dunkel-Verteilung im Format!

▸ Überlegen Sie: Was wird bei flüchtiger Betrachtung auf jeden Fall, was gerade noch, was gar nicht gelesen?

▸ Was kann weggelassen werden? Sind zu viele/zu wenig verschiedene Schriften oder Schriftschnitte benutzt worden? (In der Regel sind es zu viele.)

▸ Wichtig: Trotz gestalterischer Sichtweise sollten Sie zum Schluss den Text auch lesen.

Checkliste Bildschirmtypografie

▸ Achten Sie auf größere Buchstabenabstände und mehr Zeilenabstand!

▸ Verwenden Sie kürzere Zeilen (maximal 35 Zeichen) und außerdem kurze Texte. Das vermeidet Scrollen.

▸ Setzen Sie Groteskschriften oder spezielle Monitorschriften ein. Schreibschriften sind am Monitor eher ungeeignet.

▸ Verwenden Sie bei Fließtexten eine Punktgröße von mindestens 12 Punkt.

▸ Glätten Sie Schriften mit mehr als 16 Punkt.

Checkliste Text

▸ Das Wichtigste: Beschreiben Sie nichts, was die Gestaltung zeigt. Gehen Sie mit Ihrem Text darüber hinaus.

▸ Ebenso wichtig: Denken Sie an Ihre Zielgruppe. Studenten fühlen sich durch einen anderen Text angesprochen als Universitätsprofessoren.

▸ Vermeiden Sie lange Schachtelsätze! Sätze sind ab ca. 26 Wörtern schwer verständlich.

▸ Verwenden Sie viele Verben, ausreichend Adjektive und wenige Substantive! Das vermittelt den Eindruck von Aktion und wirkt lebendig und aktiv.

▸ Bleiben Sie nicht im Abstrakten, sondern werden Sie konkret. Details sind besser als das Ganze, Fakten besser als nebulöse Behauptungen.

▸ Achten Sie auf Verständlichkeit! Wenn Sie einen englischen Text verwenden, testen Sie ihn, sofern sie zur Zielgruppe gehören, am Hausmeister oder der netten Verkäuferin im Drogeriemarkt.

▸ Texten Sie so, wie die Leute sprechen. Dann fühlen sie sich angesprochen und interessieren sich für die Botschaft.

▸ Passen Sie Ihren Text an das Medium an. Verwenden Sie zum Beispiel Verben des Hörens im Radio und des Sehens für Print und Fernsehen.

▸ Überraschen Sie Ihre Leser mit Ideen, Pointen und Humor. Das bleibt im Gedächtnis, und Ihre Gestaltung zeigt Wirkung.

▸ Machen Sie keine Rechtschreib-, Grammatik- oder Kommafehler! Das kann die schönste Gestaltung verderben. Daher besser den Text noch mal von jemand anderen Korrektur lesen lassen.

▸ Lassen Sie den Text (möglichst) mindestens einen Tag „abhängen" und prüfen Sie am nächsten Tag: Wirkt er mit Abstand genauso, wie ich es mir vorgestellt habe?

▸ Übrigens: Wenn es nichts zu sagen gibt, dann gibt es auch nichts zu texten. Vor einem überzeugenden, selbstredenden Bild schweigt der Text.

Checkliste Bewertung

▸ Was ist das Ziel – was steht im Briefing?

▸ Was ist der Blickfang – was ist der Widerhaken?

▸ Was ist das Versprechen – was ist der Nutzen?

▸ Was gibt es Neues zu sehen – gibt es etwas Neues zu sehen?

▸ Sieht das Ganze richtig klasse aus – wie ist die ästhetische Qualität der Gestaltung?

▸ Ist das Ganze stimmig – wie wirkt die Gestaltung als Gesamtkomposition?

▸ Gibt es keine bessere Lösung – warum ist eine Alternative schwächer?

Checkliste Präsentation

▸ Präsentieren Sie grundsätzlich Ihre Gestaltungsarbeit persönlich. Nicht gut: Sie kommentarlos überreichen oder gar per Post schicken.

▸ Denken Sie positiv und präsentieren Sie gut gelaunt. Das sind Sie Ihrer Gestaltungsarbeit und Ihrem Publikum schuldig.

▸ Seien Sie vorbereitet! Üben Sie mindestens einmal trocken.

▸ Wählen Sie vorab die passenden Präsentationsmedien aus.

▸ Wählen Sie die entsprechende Dramaturgie.

▸ Erklären Sie bei Beginn der Präsentation, was das Publikum erwartet.

▸ Setzen Sie Ihre Gestik und Mimik bewusst ein und beachten Sie die Mimik des Publikums.

▸ Stellen Sie gezielt Fragen und fordern Sie Feedback ein.

▸ Lassen Sie Argumente sprechen und reden Sie nicht über Geschmack.

PARAGRAPHEN

§ 1 Wer langweilt, wird mit Nichtbeachtung und Desinteresse bestraft. Wer begeistert, bekommt Aufmerksamkeit.

§ 2 Um Medien zu gestalten, müssen wir neu sehen lernen. Die gestalterische Sichtweise ist der Blick auf das Ganze. Wir lernen damit mehr und aktiver zu sehen. Das ist die entscheidende Basis für professionelle Gestaltung.

§ 3 Kreatives Arbeiten und Gestalten ist erlernbar. Dafür gibt es zwei Grundbedingungen: Erstens muss man sich wirklich darauf einlassen und zweitens muss man üben, üben, üben ...

§ 4 In unserer Wahrnehmung erscheint auch zweidimensionale Gestaltung als dreidimensionales Erlebnis. Ständig versuchen wir, räumliche Bezüge herzustellen.

§ 6 Alles hat ein Gewicht: Jedes Element einer Gestaltung bekommt durch Gewichtung mehr oder weniger Bedeutung. Setzen Sie diese Tatsache bewusst in Ihren Kompositionen ein.

§ 5 Grundsatz der Gestaltung: Bei gestalterischer Arbeit sind Vorder- und Hintergrund als absolut gleichwertig zu behandeln.

§ 7 Drei Dinge braucht Gestaltung: Punkt, Linie und Fläche. Mit diesen drei Urelementen lässt sich jede Gestaltung beschreiben und begreifen.

§ 8 Im Zentrum der Kommunikation steht die überzeugende Botschaft. Ihr Ausgangspunkt sind jedoch immer ein tatsächlich vorhandener Inhalt und objektive Fakten.

§ 9 Wir erinnern uns besser an reale Objekte als an ihre Abbildungen, an Bilder besser als an konkrete Wörter. Konkrete Wörter bleiben besser im Gedächtnis als abstrakte Wörter.

§ 10 Gutes und erfolgreiches Mediendesign entsteht vor allem daraus, dass menschliches Verhalten im Umgang mit den Medien erkannt wird und bewusst in die Gestaltungsarbeit einfließt.

§ 11 Wir haben zwei Gehirnhälften, nutzen wir sie bewusst. Insbesondere die rechte Seite sollten wir intensiv und häufig trainieren, denn sie liefert uns Bilder, Phantasie und Vorstellungskraft.

§ 12 Formulieren Sie die Kernaussage der Kommunikation in einem einzigen Satz. Denn je klarer sie ist, desto einprägsamer ist sie.

§ 13 Merke: Wenn etwas Mode wird und es alle machen, verliert die Strategie ihren Reiz und ihren Überraschungseffekt. Ausgetretene Pfade sind unbedingt zu verlassen.

§ 14 Das Hochformat wirkt dynamisch und aktiv, während das Querformat Ruhe und Stabilität kommuniziert.

§ 16 Typografie ist zum einen Grauwert – ein Gestaltungselement – und zum anderen Schlauwert: Lesen Sie den zu gestaltenden Text und verstärken Sie die Botschaft durch typografische Gestaltung.

§ 15 Farben wirken – stark emotional und ganz direkt. Setzen Sie Farbe nicht nur ästhetisch, sondern auch wirkungspsychologisch ein. So wird Ihr zu gestaltendes Medium noch effektvoller und wirkungsvoller.

§ 17 Professionelle Mediengestaltung kann man objektiv erkennen und mit klaren Kriterien beschreiben: Argumente kommen vor Geschmack!

§ 18 Professionelle Mediengestaltung muss immer auch professionell präsentiert werden.

§ 19 Erst denken, dann PC einschalten!

§ 20 Weniger ist mehr.

LEXIKON

ActiveX

Eine von dem Hersteller Microsoft speziell für Internet Explorer entwickelte Programmiersprache für das World Wide Web, die auf der OLE (Object Linking and Embedding)-Technologie aufbaut. Da so codierte Anwendungen eine geringere Datenmenge aufweisen, sollen sie sich auch bei einem langsamen Internet-Zugriff noch in adäquater Zeit laden lassen.

ADB

(Abk. für engl. Apple Desk Bus): Schnittstelle an Apple-Rechnern, die den Anschluss von Tastatur, Maus und anderen Eingabegeräten wie Grafiktabletts erlaubt. Bis zu sieben Geräte lassen sich an einem ADB-Port stecken.
Der ADB-Bus wird gegenwärtig von dem USB (Universal Serial Bus) abgelöst.

Additives Farbsystem

Farbsystem auf der Mischung der selbstleuchtenden Spektralfarben Rot, Grün und Blau (RGB) basierend, z.B. bei Farbfernseher oder Farbmonitor.

ADSL

Abkürzung für Asymmetric Digital Subscriber Line, einer neuen Technologie, die es erlaubt über die herkömmlichen Kupferkabel eine höhe Datenmenge zu senden. ADSL unterstützt Übertraqungsraten von 1,5 bis 9 Mbit/s im Empfang in der so genannten downstream rate und 16 bis 640 kB/s für das Senden von Daten in der upstream rate. ADSL erfordert ein spezielles ADSL-Modem. Gegenwärtig ist die Technik noch nicht allgemein verfügbar und wird erst in einigen wenigen Gebieten erprobt. Man glaubt allerdings, dass diese Technik in den nächsten Jahren äußerst populär für den Internet-Zugang wird.

Akzidenzen

Drucksachen, die weder Buch noch Zeitung oder Zeitschrift sind, zum Beispiel Formulare, Briefbogen, Prospekte. Alle diese „Akzidentia" (Zufälligkeiten) bedurften der gestalterischen Qualität und Flexibilität des Akzidenzsetzens. Der „erste Akzidenzsetzer" war Vorläufer des Type Directors und des Art Directors (siehe dort) und seine Aufträge entsprachen in etwa den Arbeiten des Desk Publishers von heute.

Akzidenzschriften

sind Handsatzschriften, die nicht für den normalen Lesetext bestimmt sind. Heute werden sie als Headlineschriften bezeichnet.

Alphakanal

Von Bildbearbeitungsprogrammen angebotener Kanal, der für das Maskieren von bestimmten Bildteilen vorgesehen ist und meistens eine Datentiefe von 8 bit (entspricht 256 Farben) unterstützt.

Marc Andreessen

Marc Andreessen ist am besten bekannt für sein Engangement bei der Entwicklung der beiden bekanntesten grafischen Webbrowser: NCSA Mosaic und Netscape Navigator. Er ist außerdem Mitbegründer der Firma Netscape Communications, die er zusammen mit James H. Clark, dem Gründer und ehemalinge Vorsitzenden von Silicon Graphics, im Alter von 22 Jahren aus der Taufe hob. Im November 1998 wurde Netscape Communications an America On-Line (AOL) für einen Aktienwert von 4.2 Milliarden Dollar verkauft.

Ansi Lumen

Eine von der US-amerikanschen Organisation ANSI (American National Standards Institute) festgelegte Maßeinheit für den Lichtstrom, der sich aus dem Wert für die Lichtstärke mal dem Wert für den Raumwinkel zusammensetzt. Die Einheit Ansi Lumen wird beispielsweise verwendet, um die Helligkeit von Projektoren zu bestimmen.

Antialiasing

Rechnerisches Verfahren, um bei niedrig aufgelöster Bildschirmdarstellung von Grafikobjekten und Buchstaben unschöne, treppenartige Kanten zu entschärfen. Dies erfolgt durch das Errechnen von Farbverläufen zwischen der Objekt- und der Hintergrundfarbe. Dadurch verlieren die Objekte allerdings auch ihre Randschärfe.

Antiqua

Bezeichnung für alle Schriften, die sich von der alten (so die wörtliche Übersetzung aus dem Lateinischen) römischen Buchstabenschrift her ableiten. Außer Fraktur- und Handschriften werden fast alle unsere Schriften – auch die serifenlose so genannte Linear- Antiqua – mit diesem Begriff bezeichnet.

API

(Abk. für engl. Application Programming Interface) Eine Schnittstelle für die Funktionsaufrufe einer Benutzeroberfläche bzw. eines Betriebssystems wie Windows, über die eine Software Zugriff auf Betriebssystemdienste erhält.

AppleTalk

Apples eingebautes Netzwerkprotokoll, das es erlaubt Dateien, über ein lokales Netzwerk auszutauschen und dann zu drucken.

Applets

Applets sind C- und C++-ähnliche kleine Programme, die über das Internet übertragen werden. Sie werden geschrieben, um z.B. ein Objekt zu animieren, eine Berechnung durchzuführen oder Ähnliches. Um ein Applet zu sehen, benötigt man einen Browser, der den Java-Code interpretieren kann.

ASCII

(American Standard Code for Information Interchange) Amerikanischer 7-Bit-Standard-Code für die Anordnung der Zeichen innerhalb eines Zeichensatzes auf freiwilliger Basis, der inzwischen international anerkannt wird. Der mit ASCII codierbare Zeichenumfang besteht aus Groß- und Kleinbuchstaben, Ziffern und Sonderzeichen. Da es sich um einen amerikanischen Standard handelt, unterliegen die deutschen Umlaute „ä", „ö", „ü" und das „ß" nicht der internationalen ASCII-Norm.

Attachment

Beliebige Datei (Text/Grafik), die an eine E-Mail angehängt wird und mit dieser verschickt werden kann.

Audio- und Video-Streaming

Streaming-Technologien erlauben es, im Internet Audio- und Videodaten in Echtzeit zu übertragen, anstatt die Files erst aus dem Internet herunterzuladen. Auf der Server-Seite sorgt eine Kompressionssoftware dafür, dass die übertragende Datenmenge nicht zu groß

wird, auf der Client-Seite ist meist ein Plug-in wie „RealPlayer" zur Decodierung der Daten notwendig.

Aufsichtsvorlage

Vorlage, die bei der Reproduktion abgeleuchtet wird und aus nicht durchscheinendem Material bestehen kann. Im Gegensatz dazu ist die Durchsichtsvorlage meist ein Dia, Film oder aus transparentem Material; sie wird von unten bzw. von hinten durchleuchtet.

Authoring-Tool

Ein Programm, mit dem man unterschiedliche Medien (Grafik, Ton, Sprache und Text) mit Animationen und digitalisierten Filmsequenzen verknüpft und Präsentationen erstellt, bei denen die späteren Nutzer interaktiv eingreifen und den Ablauf bestimmen können.

Backbone

Der Teil eines Netzwerkes, der mehrere kleinere Netzwerke mit einer hohen Geschwindigkeit und einer hohen Bandbreite miteinander verbindet.

Batch-Konvertierung

Das automatische Konvertieren von mehreren Bilddateien hintereinander, entsprechend vorher getroffener Einstellungen.

Barock-Antiqua

Schriftklasse III von DIN 16518; Klasse von Antiquaschriften, die zwischen der Renaissance-Antiqua und der klassizistischen Antiqua stehen (daher auch Antiqua des Übergangsstils). Kennzeichen: klarer Strichstärkenkontrast senkrechter und waagerechter Linien,

fast senkrechte Achsneigungen der Rundungen. Nach ihrem Vorbild schuf Stanley Morison 1932 die Times New Roman für die Zeitung The Times. Im DTP eine der am häufigsten benutzten Schriften.

Tim Berners-Lee

Tim Berners-Lee war die treibende Kraft hinter der Entwicklung des WWW (World-Wide-Web). Er programmierte den ersten WWW-Client und -Server und definierte Standards wie zum Beispiel URL, HTML und HTTP während seiner Zeit am CERN in Genf. Tim arbeitet gegenwärtig am Laboratory for Computer Science (LCS) am Massachusetts Institute of Technology (MIT). Er leitet außerdem das W3-Consortium.

Bézierkurven

Das Verfahren zum Zeichnen von Kurvenzügen und Flächen mit dem Computer basiert auf einem vom französischen Mathematiker Pierre Bézier entwickelten Algorithmus. Die Stützpunkte (auch Ankerpunkte) und Steuerpunkte werden durch (gedachte) Polygonseiten verbunden. An diese nähert sich eine darzustellende Kurve an. So gibt die Polygonform annäherungsweise die Form der Kurve wieder. Die Steuerpunkte halten zudem den Kurvenzug in seiner Bahn.

Binär

Beim Binärsystem werden alle Zahlen, Zeichen und Daten durch die Zeichen 0 und 1 dargestellt.

BinHex

BinHex ist ein Codierungsverfahren, das binäre Daten in ASCII-Zeichen konvertiert. Jede Datei, gleich ob eine Grafikdatei, eine Textdatei oder eine binäre Programmdatei, kann in das BinHex-Format konvertiert werden. Es ist besonders hilfreich, um Daten von einer Plattform zu einer anderen (z.B. Unix>Mac oder DOS>Mac oder umgekehrt) zu übertragen, da fast alle Computer ASCII-Dateien verarbeiten können. Speziell viele E-Mail-Programme verfügen über einen eingebauten BinHex-Encoder oder -Decoder um Dateianhänge zu versenden oder zu empfangen. BinHex ist desweiteren ein sehr gängiges Format für Macintosh-Dateien.   BinHex-codierte Dateien haben hier meist die Dateinamenerweiterung „hqx".

Bit

Die fundamentale Einheit für die Speicherung von Informationen auf einem Computer, dessen Wert entweder eine Null oder eine Eins sein kann.

BMP

Abgeleitet von dem Begriff Bitmap. BMP steht für das Windows-eigene Bitmap-Bildformat und wird bei entsprechenden Dateien an deren Namen angefügt.

Blindprägung

Sonderdruckverfahren, bei dem eine Gravur und als Gegenform eine Matritze unter hohem Druck eine Prägung im Papier erzeugen. Man unterscheidet Hochprägungen (erhabenes Motiv), Tiefprägungen (vertieftes Motiv), mehrstufige Prägungen (verschiedene Ebenen) und Reliefprägungen (räumlicher Effekt mit dreidimensionalen Verläufen).

Blindtext

Willkürlich abgesetzter Text, der Schriftart, Schriftgröße, Zeilenabstand und Umfang des vorgesehenen Textes simuliert.

Blooming

In der digitalen Fotografie das Überlaufen der elektrischen Ladung zwischen CCD-Elementen. Die Ursache hierfür ist eine starke Überbelichtung. Als Ergebnis erscheinen Streifen oder weiße Löcher, die sich in den Bildern um die Lichtquellen oder Reflexionen herum bilden.

Len Bosack

In den frühen 80ern leitete Len Bosack den Computer-System-Wissenschaftsbereich der Stanford University. Seine Frau, Sandy Lerner, leitete das Computersystem der Handelsschule der Universität. Sie suchten damals nach einem Weg, beide Anlagen miteinander zu verbinden. 1984 entwickelten Lerner und Bosack Hardware und Software zu einem Gerät, das es ermöglichte, dass beide Netze miteinander kommunizieren konnten. So entstand an der Stanford Universität ein einziges großes Netzwerk. Heute nennt man solche Geräte, die Datenpakete von einem Computer zu einem anderen weiterleiten, Router. Als Standford den beiden bei der Vermarktung dieses Produktes im Wege stand, gründeten sie eine Firma mit Namen CISCO Systems. Heute bestehen 70 - 80 % der Infrastruktur des Internets aus Cisco-Routern.

Browser

Ein Navigationsinstrument für das World Wide Web (WWW). Der Browser setzt den HTML-Code in das eigentliche Dokumentenformat für den Bildschirm um und interpretiert die Aktionen des Benutzers, indem er die Mausklicks auf einen Link in die passende Adresse (URL) umwandelt. Die leicht bedienbaren Steuerprogramme zeigen Bilder und Texte, spielen Videosequenzen oder Tonfolgen ab und führen per Mausklick zu weiteren Informationen. Ihre bekanntesten Verteter, der Microsoft Internet Explorer und der Netscape Navigator, helfen Internet-Nutzern beim Surfen in der Datenflut. Durch einfaches Klicken auf Vorwärts- oder Rückwärtspfeile blättern die Anwender zwischen den Web-Seiten, Tippen ist meist überflüssig.

Bubblejet-Verfahren

Eine Tintenstrahl-Drucktechnologie, bei der ein Heizelement die Tinte so stark erhitzt, dass sich eine Gasblase (bubble) bildet, die die Tinte aus der Düse drückt. Nach dem Abschalten des Heizelements entsteht ein Unterdruck, der neue Tinte aus dem Reservoir ansaugt. Bei diesem Verfahren verwenden einige Geräte unterschiedliche Tintensorten für den Normal- und den Fotodruck, um bei der Bildwiedergabe eine besonders gute Qualität zu erreichen.

Byte

8 bit geben ein Byte.

Cache

Der Bereich im RAM eines Computers, in dem temporär häufig benötigte Daten gespeichert werden. Auf den Cache kann sehr viel schneller zugegriffen werden als auf Festplatten oder CDs.

Cascading Stylesheets

Verfahren in neueren HTML-Versionen, bei dem sich Formatierungsvorgaben in Stylesheets festlegen lassen, die jeweils aufeinander aufbauen. So kann der Publisher pauschale Layoutänderungen für Dokumente oder sogar Websites sehr ökonomisch vornehmen.

CCD

(Abk. für engl. Charge Coupled Device), dt. = ladungsgekoppelter Speicher): Spezielle elektronische Bausteine, die insbesondere bei Scannern häufig Verwendung finden. Die als schmale Zeile nebeneinander angeordneten optoelektronischen Sensoren tasten eine Vorlage Zeile für Zeile fotografisch ab und zerlegen das aufgenommene Bild in Tausende von winzigen Bildpunkten. Inzwischen gibt es auch Flächen-CCD-Elemente, die in digitalen Kameras zum Einsatz kommen.

CD-ROM

(Abk. für engl. Compact Disc Read Only Memory). Sowohl Speicherformat für Compact Discs, die der Benutzer am Computer einsetzt, als auch Bezeichnung für eben diesem Format entsprechende Compact Discs.

CD-RW

(Abk. für engl. Compact Disc Rewritable). Eine wiederbeschreibbare CD, die von den meisten neuen normalen CD-Laufwerken gelesen und von speziellen CD-RW-Recordern beschrieben werden kann. Beim Brennen einer CD-RW verändert ein Schreiblaser eine auf einer goldenen Reflexionsschicht liegende hauchdünne Schicht aus organischer Farbe (Cyanin, Pthalo-Cyanin) so, dass Zonen entstehen, die den lesenden Laser vollständig oder diffus reflektieren, was der Information 0 oder 1 entspricht.

Case, Steve

Im Jahr 1985 gründete Steve Case eine neue Firma mit dem Namen Quantum Computer Services. Quantum entwickelte ursprünglich Online-Dienste für Per-

sonal Computer, die mit Commodere begannen und sich aber bald schnell weiterentwickelten. 1991 entschied sich Quantum dazu, diese Dienste auf weitere Computersysteme auszuweiten. Dieses Wachstum führte außerdem zur Umfirmierung von Quantum in America On-Line (AOL). Trotz mehrerer größerer organisatorischer und technischer Pannen hat AOL mittlerweile über 8 Millionen Mitglieder, mehr als 6000 Beschäftigte und beinahe 2 Milliarden US$ Umsatz und ist damit der weltgrößte Online-Anbieter. Der Schlüssel zu diesem Erfolg war der Aufbau einer eigenen Online-Gemeinschaft, basierend auf dem Ziel, die Kommunikation zwischen den Mitgliedern zu vereinfachen und zu verbessern (E-Mail, Foren etc.) Im November 1998 übernahm AOL für den Aktienwert von 4.2 Milliarden US$ die Netscape Communications.

CGI

Common Gateway Interface bezeichnet eine Schnittstelle, über die Informationen zwischen einem World-Wide-Web-Server und einem CGI-Programm ausgetauscht werden. Ein CGI-Programm ist jedes Programm, das dafür entwickelt wurde, Daten entgegenzunehmen und weiterzuleiten, die den CGI-Spezifikationen entsprechen, und kann mit jeder Programmiersprache wie z.B. C, Perl, Java oder Visual Basic geschrieben werden. CGI-Programme sind die üblichste Methode, wie Web-Server dynamische Daten aus Datenbanken entgegennehmen und in strukturierter Form dem Benutzer auf einer Webseite darbieten, bzw. Daten aus Formularfeldern an Datenbanken zur Verarbeitung weitergeben. Immer häufiger werden aber auch Skripte, die Web-Benutzern ein

dynamisches Feedback bieten, auf den Rechnern der Benutzer ausgeführt, anstatt auf dem Web-Server selbst. Solche Programme können zum Beispiel Java Applets, Java Scripts oder ActiveX Controls sein.

Chatboxes

Möglichkeit zur elektronischen Kommunikation zwischen verschiedenen Internet-Nutzern. Darüber hinaus lassen sich Chatboxes in Websites integrieren, um auf diese Weise beispielsweise den Publikumsverkehr zu steigern.

CIE Color Model

Das CIE-Farbmodell basiert auf der menschlichen Wahrnehmung von Farbe und wurde von der Commission Internationale de l'Eclairage ins Leben gerufen. Obwohl es als das genaueste Farbmodell gilt, ist CIE für einige Technologien unbrauchbar, wie z.B. Drucktechnik und Farbmonitore, die auf CMYK- und RGB-Farben basieren. Aber das CIE-Farbmodell eignet sich sehr gut als Referenzfarbraum, der benutzt wird, um Farben zwischen unterschiedlichen Farbräumen zu transferieren.

CIELAB

(Auch CIE 1976 L*a*b): Ein im Jahr 1976 definierter Farbraum zur Darstellung von Farbe in einer dreidimensionalen Matrix. Er erreicht eine empfindungsmäßig gleichabständige Farbdarstellung und eignet sich vor allem für die Messung kleiner Farbabstände. L steht für Helligkeit, A für den Rot-Grün-Wert, B für den Gelb-Blau-Wert.

CIELUV

(Auch CIE 1976 L*u*v*): Ein ebenfalls 1976 definierter Farbraum, der sich für die Farbspezifikation in der additiven

Farbmischung (zum Beispiel Farbfernsehen) oder bei zusammengesetzten Farben eignet. L steht für Helligkeit, U für den Rot-Grün-Wert, V für den Gelb-Blau-Wert.

CIEXYZ

Die CIE definierte diesen Farbraum 1931 als eine dreidimensionale Darstellung sämtlicher wahrnehmbarer Farben. Die konstruktiven trichromatischen Werte (xyz) lassen sich von Spektralkurven ableiten. Zwar entspricht der y-Wert der Helligkeit, doch x und z weichen von den sonst üblichen Angaben über Farbton und Sättigung ab.

Copy-Dot-Funktion

Methode zur punktgenauen Wiedergabe von Filmvorlagen. Hochauflösende Scanner erfassen dabei die Farbauszüge und wandeln sie in Bitmap-Daten um. Innerhalb eines rein digitalen Arbeitsablaufs mit digitaler Plattenbelichtung oder digitalem Druck lassen sich auf diese Art und Weise zum Beispiel als Filme vorliegende Anzeigen in den Workflow integrieren.

Color Rendering Dictionary

Softwarebestandteil des Color Managements von PostScript-Level-2-RIPs; es entspricht den bei Apple als ColorSync Destination Profile bezeichneten Filtern, die Farbdaten für Ausgabegeräte farbmetrisch korrigieren.

Color Look up Table

Bei Farb-Rasterbildschirmen muss zu jedem Pixel die Farbinformation gespeichert werden. Bei drei Grundfarben und einer Auflösung von 256 Stufen pro Grundfarbe müssten pro Pixel 24 bit gespeichert werden. Es kann Speicher-platz gespart werden, indem nicht alle 24 bit der Farbdefinition bei jedem Pixel gespeichert werden, sondern nur die 8 bit lange Adresse eines Eintrags in einem speziellen Register, der Color Look up Table. Wenn jeder Eintrag in diesem Register 24 bit lang ist und das Register 256 Einträge halten kann, können hiermit 256 Farben von 16 Millionen möglichen Farben zur Verfügung gestellt werden. Einfache Geräte können oft nur 16 von 256 möglichen Farben anzeigen, da ihre Look up Table nur 16 Einträge zu je 8 bit halten kann. Der Benutzer kann den Inhalt dieser Tabelle ändern und damit Farben überbetonen oder ersetzen (Falschfarbendarstellung). Voreinstellungen sind vorhanden.

Color-Management-System

(CMS): Eine Software, die entweder auf der Betriebssystemebene oder im Rahmen von Anwendungsprogrammen dafür sorgt, dass die Ausgabe in möglichst hohem Maße der Bildschirmdarstellung und der gescannten Vorlage entspricht. Ein CMS korrigiert die Farbverfälschungen, indem es die Daten in einem geräteunabhängigen Farbraum definiert und sie in den gerätespezifischen umrechnet. So kalibriert ein CMS beliebige Publishingsysteme, das heißt, es stimmt Eingabe- und Ausgabeeinheiten aufeinander ab.

ColorSync

Das Color-Management-System (CMS), das Apple ins Macintosh Betriebssystem integriert hat.

CompactFlash-Karte

Eine verkleinerte Ausführung der PC-Karte mit nahezu identischer Technik, die nur 43 mm mal 36mm mal 3,3 mm groß ist. Den Kartentyp entwickelte der amerikanische Hersteller Scandisk, mittlerweile gibt es jedoch auch zahlreiche andere Anbieter. Mittels eines PC-Karten-Adapters finden die Karten auch in entsprechenden Laufwerken diverser Digitalkameras Verwendung.

Computer-to-plate

(CTP): Das Belichten der Daten aus dem Computer erfolgt direkt, also ohne Umwege über Filme, auf die Druckplatte. Diese Aufgabe übernehmen speziell dafür geeignete Belichter und Druckplatten.

Corporate Design

Nicht zu verwechseln mit Corporate Identity. Einheitlicher, unverwechselbarer visueller Auftritt eines Unternehmens. Dieser manifestiert sich in Firmenlogo, Hausfarbe und -schrift, in der Gestaltung von Geschäftsausstattung, Manuals, Katalogen und Prospekten, Verpackungen, Messeständen, Gebäude- und Fuhrparkbeschriftung. Dazu zählen auch das Produktdesign und die Architektur der Firmengebäude.

Corporate Identity

Umfasst die Unternehmensleitlinien, Corporate Communikation wie Werbung, Presse- und Öffentlichkeitsarbeit oder Hauszeitschrift, Corporate Behaviour (Leitlinien bezüglich des Verhaltens der Mitarbeiter in Problemsituationen und ihres Umgangs untereinander und mit externen Partnern) und das Corporate Design eines Unternehmens.

CPSI

(Abk. für engl. Configurable PostScript Software Interpreter): Ein PostScript-RIP auf Softwarebasis, den die Firma Adobe Systems, die Erfinderin von PostScript, als OEM-Produkt für Software und Hardwarehersteller anbietet. Es lässt sich modular unterschiedlichen Rechnerplattformen, zum Beispiel Apple Macintosh und Sun Sparc, anpassen.

CTR

(Abk. für engl. Click-Through-Rate): Die Klickrate misst den prozentualen Anteil der Besucher einer Website, die auf einen Werbebanner und den dort enthaltenen Link klicken.

Datenkompression

Bezeichnet einen Vorgang, bei dem elektronische (digitale) Daten in ihrem Umfang reduziert werden können. Mit Datenkompressionsverfahren werden digitale Audio- und vor allem Videodaten auf einen Bruchteil ihres ursrünglichen Datenvolumens reduziert, um sie schneller transportieren zu können und um Speicherkapazitäten zu sparen.

Densitometer

Gerät zur Messung der Schwärzungen fotografischer Schichten bei der Qualitätskontrolle und der Belichterkalibrierung sowie zur Erfassung des Dichteumfangs von fotografischen Vorlagen.

Digitalproof

Der Proof ist eine Art Andruck, welcher mit allen gängigen Farbdruckern - Thermotransfer-, Thermosublimations- oder Tintenstrahlprintern - ein Vorprodukt erzeugt, das dem späteren Druckergebnis möglichst nahe kommt. Es entsteht direkt auf Grundlage der Bilddaten, ohne eine vorherige Belichtung von Filmen. Im Gegensatz dazu benötigen fotografische Andrucke, wie zum Beispiel das Cromalin-Verfahren, Match-

print von der Firma 3M und klassische Andrucke auf Druckmaschinen, weiterhin Filme.

DIN-Formate

genormte Papiergrößen im Geschäfts- und Behördenverkehr; nächstkleineres DIN-Format entsteht durch Halbieren der Längsseiten des Ausgangsformats
DIN A0 = 1188 x 594 mm
DIN A1 = 840 x 594 mm
DIN A2 = 594 x 420 mm
DIN A3 = 420 x 297 mm
DIN A4 = 297 x 210 mm
DIN A5 = 210 x 148,5 mm
DIN A6 = 148,5 x 105 mm
Desweiteren gibt es noch die jeweils größeren DIN B.- und DIN C.-Reihen.

DIN 16518

Einteilung der Druckschriften aus dem Jahr 1964 (Neuklassifizierung ist in Arbeit) nach Schriftgattungen unter kulturhistorischem und formalem Aspekt (Duktus, Serifen und Buchstabenrundungen) in elf Klassen:

I	Venezianische Renaissance-Antiqua
II	Französische Renaissance-Antiqua
III	Barock-Antiqua
IV	Klassizistische Antiqua
V	Serifenbetonte Linear-Antiqua
VI	Serifenlose Linear-Antiqua
VII	Antiqua-Varianten
VIII	Schreibschriften
IX	Handschriftliche Antiqua
X	Gebrochene Schriften
Xa	Gotisch
Xb	Rundgotisch
Xc	Schwabacher
Xd	Fraktur
Xe	Frakturvarianten
XI	Fremde Schriften

Dithering

Simulation zusätzlicher Graustufen und Farben durch das Verwenden von Punktmustern (Raster). Mit Hilfe des Ditherings erreicht man eine effektiv höhere Farb- und Graustufenanzahl, als das Ausgabegerät eigentlich wiedergeben kann. Wie bei Halbtonbildern, kommen Punktmuster zum Einsatz. Allerdings sind beim Dithering die Punkte gleich groß, während sie bei Halbtonbildern differieren dürfen. Das Verfahren macht sich eine Eigenheit des menschlichen Auges zunutze: Dieses nimmt nämlich ab einem gewissen Abstand bestimmte Farbzusammensetzungen nicht mehr als einzelne Farben, sondern als Zwischenfarben wahr. Ein Nachteil des Ditherings besteht darin, dass es die Auflösung verringert. Bei einem Laserdrucker mit 300 dpi beträgt die reale Auflösung bei einer 2-mal-2-Matrix nur noch 75 dpi (300 durch 4). Nach demselben Prinzip lassen sich Zwischenfarben auch bei Farbdruckern erzeugen.

DLL

(Abk. für engl. Dynamic Link Library): Windows-Datei mit Programmroutinen, auf die Applikationen zurückgreifen können. Spart Speicherplatz, da mehrere Anwendungen diese Dateien nutzen und die Routinen nicht selbst besitzen müssen.

DNS

(Abkürzung für engl. Domain Name System oder -Service), ein Internet-Service, der Domain-Namen in IP-Addressen übersetzt. Weil Domain-Namen (www.meinserver.de) Klartext sind, sind sie für uns Menschen leichter zu merken. Die Adressen im Internet basieren aber auf reinen Nummern-Codes, deshalb muss es jedesmal, wenn man so eine Klartext-Addresse eingibt, einen Domain Name Service geben, der die Übersetzung vornimmt. www.meinserver.de wird dann zu 198.105.232.4. Und jede Addresse darf nur einmal auf der Welt benutzt werden, weil sie absolut eindeutig sein muss. Das DNS-System stellt zudem ein eigenes Netzwerk dar. Wenn ein DNS-Server einen bestimmten Domain-Namen nicht erkennt, fragt er den nächsten und so weiter, bis die IP-Addresse identifiziert ist.

Druckkennlinie

Gibt die Abweichung der Größe des gedruckten Punktes vom Punkt auf dem Film bzw. der Platte an; wichtig zum Abgleich zwischen An- und Fortdruck; wird zur Korrektur des Belichters benutzt.

Drucklack

Farblose Lackschicht (matt oder glänzend), die mit einer normalen Druckmaschine angebracht wird; erhöht die Abriebfestigkeit und den Glanz des Druckproduktes.

DTD

(Abkürzung für engl. Document Type Definition) Eine Beschreibung für SGML- und XML-Dokumente, die festlegt, wie Markup Tags von dem Programm, das so ein Dokument darstellt, interpretiert werden sollen.
Der HTML-Standard ist zum Beispiel solch eine Spezifikation (DTD), die einem Webbrowser sagt, wie er eine HTML-Datei für den Benutzer darstellen soll. XML verspricht die Erweiterung der Formatierungsmöglichkeiten von Web-Dokumenten durch die Unterstützung zusätzlicher DTDs.

DVD

(Abk. für engl. Digital Video Disc oder Digital Versatile Disc, versatile=vielseitig): Von einer Gruppe von CD-Herstellern, der unter anderem Sony, JVC, Philips, Toshiba, Pioneer, Mitsubishi, Hitachi, Time Warner und Matsushita angehören, eingeführtes Speichermedium mit einem maximalen Speichervolumen von 7,2 Gigabyte. Für die DVD gibt es drei Standards: die Movie Disc zur Speicherung von digitalen Videos, die Music Disc als Nachfolger der bisherigen CDs und die DVD-ROM als Nachfolger der CD-ROM für Computer.

Dynamic HTML (DHTML)

Eine Web-Dokumenten-Architektur zur Darstellung von animierten Inhalten im Web, die sich aus Cascading Stylesheets und Scripts zusammensetzt. So lassen sich mit Hilfe von Java und ActiveX zum Beispiel Web-Seiten um Mouse-over-Effekte bereichern. Dies erlaubt das Objektmodell in HTML 4.0. Daraus folgt allerdings auch, dass lediglich die aktuellen Versionen der Browser in der Lage sind, die zusätzlichen Seitenelemente darzustellen.

Dynamic Fonts

Vom Softwarehersteller Netscape in Anlehnung an Dynamic HTML benanntes Verfahren zur Einbettung von Schriften in Web-Dokumente. Es beruht auf der True-Doc-Technologie des Unternehmens Bitstream.
Dynamic Fonts gewährleisten die korrekte Darstellung einer Website, da alle für die Gestaltung der Site genutzten Schriften gleichzeitig mit der Website auf den Rechner des Nutzers übertragen werden. Das Extrahieren der Typen durch den Betrachter ist allerdings

nicht möglich, so dass die Lizenzbestimmungen der Schriftenanbieter gewahrt bleiben.

Ethernet

Lokale Netzverbindung zwischen Computern innerhalb eines Gebäudekomplexes mit hoher Übertragungsrate.

Euroskala

Die Euroskala oder Europaskala ist eine in Europa verwendete normierte Farbtabelle, die für die im Vierfarbdruck eingesetzten Druckfarben Gelb, Magenta, Cyan und Schwarz (CMYK) die Druckreihenfolge, die Sättigung und den Farbton festlegt. Die Skala liegt als Nachschlagewerk oder Farbatlas vor und gibt die im Druck möglichen Farbtöne wieder.

Farbkalibrierung

Zur korrekten Reproduktion von Bildern im Druck sollten sämtliche eingesetzten Geräte, etwa Farbbildschirm und Grafikkarte, Farbdrucker und Belichter, aufeinander abgestimmt sein, so dass sie numerisch festgelegte Werte für Cyan, Magenta, Gelb und den Schwarzanteil übereinstimmend darstellen.

Farbmanagement

Allgemeine Bezeichnung für Systeme von verschiedenen Herstellern zur Farbkalibrierung von allen an der Farbbildbearbeitung beteiligten Komponenten, zum Beispiel von Scannern, Bildschirmen und Farbprintern.

Farbprofil

Alle Geräte, die Farbe verarbeiten, verfälschen diese auch in gewissem Maß. Jeder Scanner, Monitor oder Drucker hat seine eigene Farbcharakteristik.

Farbprofile dienen dazu, die Farbeigenschaften eines Geräts zu beschreiben. Meist liefert der Hersteller die Profile. Aufgrund der Profile stimmt dann das Color-Management-System die einzelnen Komponenten aufeinander ab.

Farbtiefe

Bei der Farbdarstellung am Rechner ist dies die Anzahl der Speicherbits, die einer Grafikkarte oder einem -controller pro Bildpunkt einer Farbe für die Klassifizierung des Farbwerts in jeweils Rot, Grün und Blau zur Verfügung stehen. Mit 8 bit lassen sich beispielsweise 256 Farbnuancen für jede der drei Grundfarben unterscheiden, aus denen sich 16,7 Millionen Farbnuancen mischen lassen.

Fraktale Kompression

Ursprünglich von den US-amerikanischen Mathematikprofessoren Michael F. Barnsley und Alan D. Sloan entwickeltes Verfahren, das Bilder mit Formen der fraktalen Geometrie beschreibt und so die Datenmenge enorm reduziert.

FTP-File Transfer Protocol

Ein Protokoll, das die Dateiübertragung zwischen zwei Computersystemen regelt und auf TCP basiert.
Mit Anonymus FTP kann jeder, der einen Internet-Zugang besitzt, Dateien direkt von FTP-Servern kopieren.

Grauwert

Der Grauwert gibt den Schwärzungsumfang eines bestimmten Grautons in einem Halbtonbild an.

Grotesk

nennt man die serifenlosen Antiqua-Formen.

Halbunziale

In der Spätantike (4. bis 8. Jahrhundert) gebräuchliche Schrift, die Elemente der Majuskelcharakter tragenden Unziale mit solchen der Minuskelkursiven (Betonung der Ober- und Unterlängen) verbindet.

HDR

(Abk. für engl. High Dynamic Range): Von der Firma Leaf entwickeltes Bildspeicherformat, das mit 16 bit Farbtiefe je Farbe arbeitet und daher wesentlich mehr Farbdynamik speichert als Formate, die auf 8 bit Farbtiefe je Farbe basieren.

HDTV

(Abk. für engl. High Definition Television): Standard für hoch aufgelöstes digitales Fernsehen.

Heißfolienprägung

Hochdruckverfahren, bei dem anhand eines Messing-, Kupfer- oder Magnesiumklischees eine aus mehreren Schichten bestehende Heißprägefolie auf den Bedruckstoff aufgesiegelt wird. Dazu bedarf es Temperaturen zwischen 100 und 200 Grad. Häufig finden Metallic- (Gold und Silber) oder Emaillefarben (matt und im Vergleich zum Offset besonders deckend) Verwendung. Die Motive sind nicht erhaben, lassen sich aber mit Blindprägung kombinieren.

Hexachrome

Spezielles Separationsverfahren der Firma Pantone für den Druck mit sechs Farben. Neben den üblichen Farben für den Vierfarbendruck (Cyan, Magenta, Gelb, Schwarz) zieht man bei Hexachrome zusätzlich einen Grün- und Orangeton heraus, die dann als fünfte und sechste Farbe mitgedruckt werden. Dadurch erweitert man den Farbraum des Vierfarbendrucks und kann Farben drucken, die bis dahin nicht möglich waren. Pantone gibt an, dass sich mit der Hexachrome-Separation und den dazugehörigen Druckfarben 90 Prozent der Farben der Pantone-Skala ausgeben lassen.

Hinting

Ein wichtiger Vorgang bei der Produktion einer Schrift ist das Hinzufügen der Hints für die Bildschirmdarstellung. Softwares unterstützen das so genannte Hinting, indem sie mit Methoden der Bildbearbeitung repräsentative und wiederkehrende Buchstabenteile erkennen, beispielsweise Balken, Überhänge an Schriftlinien und Serifen. Für jedes erkannte Teil generiert die Software entsprechend dem Schriftformat (PostScript oder TrueType) standardisierte Folgen von Hints zur optimierten Darstellung, die in sämtlichen Punktgrößen gleichmäßig wirken. So lässt sich eine deutliche Verbesserung der Lesbarkeit am Bildschirm erzielen.

Hints

Bei PostScript-Schriften vom Lizenzgeber Adobe lange geheimgehaltene Codierungen, die das typische Charakteristikum des jeweiligen Fonts auch bei kleinen Schriftgraden und/oder groben Auflösungen erhält.

HKS

Farbsystem von Sonderfarben. Es gibt verschiedene Farbreihen: K für gestrichene Papiere, N für ungestrichene Papiere, E für Endlospapiere, Z für Zeitungspapiere.

Homepage

Die Leitseite einer Website (WWW-Angebot). Normalerweise enthält diese Seite entweder ein Inhaltsverzeichnis oder Links zu den wichtigsten Seiten dieses Angebotes.

Hotspot

(Brennpunkt) Ein Bereich auf dem Bildschirm, der ein bestimmtes Ereignis hervorruft, wenn er per Mausklick aktiviert wird. Dabei kann es sich beispielsweise um einen Link im Web, um das Starten einer Animation oder um eine Hypertext-Hilfe handeln.

HTML

(Abk. für engl. Hypertext Markup Language). SGML-Erweiterung bezüglich der Einbindung von Bildern und Verbindungen zu anderen HTML-Seiten. Wichtigstes Datenformat im Web.

HTTP

(Abk. für engl. Hypertext Transfer Protocol). Protokoll, das den Austausch von HTML-Seiten zwischen World-Wide-Web-Servern und Clients (Browser) über ein Netzwerk regelt.

Hybrid

Bezeichnung für Systeme, die zwei oder mehr „elektronische Welten" in sich vereinen. Als hybrid bezeichnet man z.B. Multimedia-Systeme, die sowohl mit analogen als auch digitalen Signalquellen arbeiten (additives Multimedia), oder Hybrid CD ROMs. Darunter versteht man zum einen CD-ROMs, die auf Macintosh- und Windows-Computern lauffähig sind (Mac-und Windows-Welt), zum anderen CD-ROMs mit Internet-Zugang (online und offline).

Hyperlink

Anklickbarer Verweis auf eine Textpassage, ein Dokument oder eine Mediakomponente. Dabei spielt es keine Rolle, auf welchem Server die Dokumente liegen.

ICC

(Abk. für engl. International Color Consortium): Wichtige Hersteller von Pre-Press-Produkten arbeiten in diesem Komitee unter der Federführung der Fogra (Deutsche Forschungsgemeinschaft für Druck- und Reproduktionstechnik e. V.) zusammen, um die Handhabung von Farbbildern und von -profilen so zu standardisieren, dass sich Color Management in Zukunft unabhängig von Plattformen und Applikationen realisieren lässt.

Interface

Sowohl Stecker und Steckdosen, die Hardware untereinander verbinden (Computer mit Peripheriegeräten) als auch die Bedienungselemente eines Geräts (Knöpfe, Tastatur, Maus), also die Schnittstelle zum Benutzer. Bei Computern betrifft dies außerdem die Gestaltung dessen, was der User auf dem Monitor sieht, da hierüber die Bedienung erfolgt. Bei Verwendung von Piktogrammen (Icons), Dialogfenstern und zeichnerisch dargestellten Bedienungsknöpfen spricht man auch von grafischer Benutzerschnittstelle, Graphical User Interface, kurz GUI.

Inch

Ein Inch (Zoll) = 2,54 Zentimeter.

Irisdruck

Farbdruck, bei dem mehrere Farben im Farbkasten nebeneinander liegen, auf den Farbwalzen ineinander verlaufen und so die Druckplatte in Bahnen oder Streifen mehrfarbig einfärben.

ISO-9660-Standard

Ein Standard für CD-ROMs, der es erlaubt, die Daten von ein und derselben CD auf verschiedenen Betriebssystemen, zum Beispiel auf Unix-, DOS- oder Apple-Computern, zu lesen. Im ISO-9660-Standard gibt es drei so genannte Ebenen für den Datenaustausch (levels of interchange).

Wenn von ISO-9660-Discs die Rede ist, meint man in der Regel das so genannte Interchange-Level-1, das ähnliche Schranken setzt wie das MS-DOS-Dateisystem. Es beschränkt zum Beispiel die Länge des Dateinamens auf nur 8 Zeichen. Zahlreiche Mac-CD-ROMs benutzen das Dateisystem HFS von Apple.

IT-8

Testvorlage, mit deren Hilfe viele Hersteller CMS-Scannerprofile produzieren. Das Profil entsteht, indem der Anwender diese Vorlage einliest und das Bild durch das CMS mit den digital gespeicherten Originaldaten vergleichen lässt. Das Farbmanagement errechnet daraus Korrekturwerte, ein Farbprofil, um auf diese Weise bei den folgenden Scans die Fehler des Eingabegeräts auszugleichen.

ISDN

(Abk. für engl. Integrated Services Digital Network). Digitales Kommunikationsnetz der Telekom, mit dem Sprache, Texte und Bildvorlagen übertragbar sind. Das ISDN-Netz wird auch als schmalbandiges Kommunikationsnetz bezeichnet; es soll später in ein breitbandiges Netz integriert werden.

ISP

(Abk. für engl. Internet Service Provider). Anbieter von Internet-Diensten, der einen Zugang zum Internet bereitstellt und Internet-Auftritte zum Abruf auf seinen Webservern bereithält.

ISO

(International Organizations for Standardization) Internationales Normungsgremium, das Standardisierungsvorschläge ausarbeitet und Empfehlungen verabschiedet, die international beachtet werden und als Norm gelten können.

Java

Eine schon vor einiger Zeit von der Firma Sun entwickelte, einfache Programmiersprache, die unabhängig ist vom verwendeten Computertyp. Interessant für jedermann ist Java erst, seitdem über die WWW-Sprache HTML Java-Programme aufgerufen werden können: Stößt der WWW-Browser auf einen entsprechenden Vermerk, lädt er automatisch die passende Java-Datei und führt sie aus. So lassen sich bewegliche oder sich selbst verändernde WWW-Seiten und andere neue Möglichkeiten realisieren.

Java-Applets

Java-Programme, die der empfangende Rechner interpretiert, anstatt sie zu kompilieren. Das heißt, der Programmcode wird erst auf dem Computer des Users beim Aufruf der Software Zeile für Zeile in Echtzeit übersetzt und ausgeführt. In der Praxis bedeutet dies, dass Applikationen nicht mehr auf der Maschine residieren müssen, auf der der Anwender sie nutzt. Sie müssen auch nicht für die spezielle Maschine geschrieben sein, die sie ausführen soll.

So können Java-Softwares irgendwo im Internet liegen und ein anderer ins Netz integrierter Computer führt sie aus. Die Voraussetzung für die Nutzung ist der etwa 45 Kilobyte Memory beanspruchende Java-Interpreter, der in den ebenfalls von Sun entwickelten Web-Browser HotJava integriert ist.

JavaScript

Skriptsprache von Netscape, die wie Java im Browser interpretiert und ausgeführt wird.

InterNIC

So nennt man den Zusammenschluss mehrerer Dienste des Internet, öffentliche Belange betreffend, wie zum Beispiel die Registrierung von Internetadressen, diverse Datenbanken usw. Das InterNIC stellt eine Vielzahl eigener Ressourcen und Dienste im Internet zur Verfügung.

JPEG

Gescannte Abbildungen benötigen viel Speicherplatz. Verschiedene Verfahren ermöglichen es, durch Kompressionsalgorithmen diesen Platz zu reduzieren, wobei die JPEG (Joint Photographic Expert Group)-Kompression weit verbreitet ist. Dieses Verfahren zerlegt die Bilder in Flächen von 8 mal 8 Pixel und komprimiert sie mit Hilfe einer diskreten Cosinus-Transformation. Die JPEG-Kompression geht allerdings nicht verlustfrei vonstatten. Je höher der Kompressionsgrad, desto mehr Bildinformationen gehen verloren. Um den Verlust an Information zu beschränken, tut der Anwender gut daran, sämtliche Korrekturen zunächst in dem unkomprimierten Bild auszuführen und es erst dann für die endgültige Speicherung zu komprimieren. Insbesondere ein mehrfaches Komprimieren und Dekomprimieren mit unterschiedlichen Kompressionsgraden kann schnell zu Bildern führen, denen es sowohl an Textur als auch Farbe fehlt.

Kelvingrade

Maßeinheit für die Farbtemperatur. Für die Beurteilung von Durchsichtsvorlagen wird eine Lichtquelle mit 5000 K (Kelvin) eingesetzt, für Aufsichtsvorlagen mit 6500 K.

Klassizistische Antiqua

Form der Antiqua im ausgehenden 18. Jahrhundert, abgeleitet aus Kupferstecherschriften mit dünnen übergangslos angesetzten, waagerechten Serifen, Beispiele sind Bodoni, Century oder Walbaum.

Klebebindung

Bindeverfahren bei Broschüren. Der Inhalt wird im Bund einige Millimeter abgefräst und mit Heißleim zusammengefügt. Dann wird der Inhalt am Rücken in den Umschlag „eingehängt".

Komplementärfarben

Farbenpaar, das sich im Farbkreis gegenübersteht; ergibt additiv gemischt Weiß und subtraktiv gemischt Schwarz.

Lasur

Das Anlegen einer sehr verdünnten Farbe, die den Untergrund und somit auch andere vorher eventuell aufgetragenen Farben noch durchscheinen lässt.

Laufrichtung

Vorherrschende Faserrichtung im Papier, bedingt durch Fertigungsprozess in der Papiermaschine.

Layer

Viele DTP-Softwares zerlegen Abbildungen oder Layouts in Layer, also verschiedene Ebenen, auf denen sich unterschiedliche Bildteile und Gestaltungselemente befinden. Neuerdings lassen sich in einigen Applikationen auch Funktionen in Layern speichern. Auf die Art bleibt das Originalbild so lange unverändert, bis das Programm die Bearbeitungsschritte aus allen Ebenen zur Ausgabe zusammenrechnet.

Linearschriften

Meist serifenlose Schriften, bei denen alle Striche dieselbe Breite haben. Viele scheinbare Linearschriften (wie etwa die Futura) sind überarbeitet und haben unterschiedliche Strichstärken.

Lingo

Skriptsprache der Multimedia-Autorensoftware Macromedia Director, mit deren Hilfe sich Interaktionen und Abläufe programmieren lassen.

Links

Verknüpfungen, Verbindungen: Links sind Verweise auf andere Stellen einer Datei oder auf andere Dateien, die der Anwender per Mausklick ansteuert. Im Gegensatz zum Hypertext-Verfahren fungieren Links im WWW auf Wunsch auch als Verweise auf andere Rechner im Internet oder andere Internet-Dienste, etwa FTP zur Dateiübertragung.

Lithografie

Bezeichnet ein Flachdruckverfahren, das Alois Senefelder Ende des 18. Jahrhunderts erfand und zunächst Steindruck hieß. Die Druckform wird aus Kalkschieferplatten erstellt. Die Steine sind feinporig und nehmen Wasser und Fett auf. Auf die glatt geschliffenen Oberflächen wird mittels fetthaltiger Tuschen oder Kreiden die Zeichnung aufgebracht. So entsteht fettsaurer Kalk, der wasserabstoßend wirkt. Durch das Ätzen mit Salpetersäure und Behandeln mit Gummiarabicum werden die zeichnungsfreien Stellen wasseraufnehmend und fettabweisend. Daher nimmt beim Einfärben nur die Zeichnung Farbe an. Der Druck erfolgt mit einer Handpresse. Bis zu 16 Steinplatten werden für farbige Drucke benötigt.

LZW

(Abk. für engl. Lempel Ziv Welch): Im Jahr 1977 von Lempel und Ziv entwickelter und 1984 von Welch zur Verfügung gestellter Kompressionsalgorithmus. Er nutzt die Tatsache aus, dass sich Redundanzen überwiegend in sich wiederholenden Zeichenketten widerspiegeln.

Magneto-optische Speicher (MO)

Bei der MO-Technologie erhitzt die optische Komponente, der Laserstrahl, die magnetisierte Schicht auf dem Medium auf eine Temperatur von zirka 200 Grad Celsius. Erst jetzt kann diese Schicht mit Hilfe eines externen Magnetfeldes umgepolt, also mit Daten beschrieben werden.

MIME

Die Multipurpose Internet Mail Extensions erlauben, nicht nur ASCII-Texte, sondern Daten jeden Formats wie beispielsweise Bilder, Videos, Musik oder Programme über E-Mail zu versenden.

Majuskel

Eine nicht mehr gebräuchliche Bezeichnung für Großbuchstaben, die durch den Begriff Versalien ersetzt wurde.

Mapping

Bezeichnet das Versehen eines 3-D-Körpers mit einem Oberflächenbild. In 3-D-Programmen lassen sich auf diese Weise Objekten Materialstrukturen wie zum Beispiel Holz, Metall oder Marmor zuweisen.

Maske

Begriff aus der elektronischen Bildbearbeitung. Eine Maske deckt die Bereiche eines Bilds ab, die der Anwender entweder von der weiteren Bearbeitung ausschließen will oder in denen - unabhängig vom restlichen Bild - die Änderungen stattfinden sollen.

Megabyte

1 Megabyte entspricht 1024 Kilobyte bzw. 1.048.576 Byte.

Meta Tags

Versteckte Informationen in HTML-Seiten. Damit können Suchmaschinen des Internet Inhalte aufnehmen und in Verzeichnisse einordnen.

Minuskel

Eine ältere Bezeichnung für Kleinbuchstaben, die durch den Begriff Gemeine ersetzt wurde.

PAL

(Abk. für engl. Phase Alternation Line). In Westeuropa oft eingesetzte Farbfernsehnorm, die mit einer Auflösung von 625 Zeilen und einer automatischen zeilenweisen Farbkorrektur arbeitet.

Pantone

Farbenstandard der amerikanischen Firma Pantone Inc. Das Unternehmen produziert Farbfächer, liefert Standardfarbwerte für Softwarehersteller und bietet dazu die entsprechenden Druckfarben an. Inzwischen gibt es auch Pantone-Farbfächer für Prozessfarben und für die Simulation von Schmuckfarben mit Hilfe des Vierfarbendrucks.

Papier chlorfrei

Hier gibt es verschiedene Auslegungen.
ECF = Elementarchlorfrei
TCF = Totally Chlorine Free

Papier gestrichen

Papier wird noch mit einem Strich auf der Oberfläche versehen. Dadurch entstehen bessere Eigenschaften besonders beim Bilderdruck. Man unterscheidet glänzend und matt gestrichene Papiere.

Papier holzfrei

Papier, das aus Zellstoff hergestellt wird. Zellstoff = chemisch verarbeitetes Holz.

Papier holzhaltig

Papier, das aus Holzschliff hergestellt wird. Holzschliff = mechanisch verarbeitetes Holz.

Papier recycled

Papier, das aus Altpapier hergestellt wird.

Papier satiniert

Papier, dessen Oberfläche in der Papiermaschine durch Pressen geglättet wird, z.B. zur besseren Beschreibbarkeit.

Papiergewicht

Angabe in Gramm / Quadratmeter des Papiers. Zum Beispiel: 80 g/m2 - übliches Gewicht für Briefpapier

Passkreuze

Zwei rechtwinklig gekreuzte feine Linien, die etwa einen Zentimeter lang sind. Passkreuze, auf der Vorlage angebracht

und auf den darüberliegenden Deckern nachgezogen, ermöglichen es, beim Abnehmen oder Verrutschen des oder der Decker immer wieder die ursprüngliche Position auf der Vorlage einzupassen.

PC-Karten

(früher PCMCIA: Abk. für engl. Personal Computer Memory Card International Association): Standard für eine systemunabhängige, miniaturisierte Peripherieschnittstelle, überwiegend in tragbaren Computern eingesetzt. Gegenwärtig existieren etwa drei scheckkartengroße Typen, die sich in Funktionalität und maximaler Dicke unterscheiden, aber alle dieselbe Schnittstelle nutzen. Als Geräte in PC-Standard gibt es Modems, Festplatten, RAM-Speichererweiterungen und ROM-Speicher mit Programmen. Auch bei digitalen Kameras kommt die Karte als Speichermedium zum Einsatz, etwa in vielen Snapshot-Modellen und in fast allen professionellen mobilen Digitalkameras.

PDA

(Abk. für engl. Personal Digital Assistant). Eine relativ neue Gattung kleiner mobiler Computer. Sie dienen als Terminkalender, Nachschlagewerke und für die Erfassung kleiner Datenmengen. Auch das Versenden und Empfangen von Faxen ist in Verbindung mit einem Funktelefon möglich.

PFR

(Abk. für engl. Portable Font Ressource): Bei PFR handelt es sich um ein Schriftendateiformat von Bitstream zur Einbettung von Schriften in HTML-Dokumente. Fonts im PFR-Format liegen als Vektorschriften vor, allerdings mit einer anderen Beschreibung als der von True-

Type oder PostScript. Der so genannte Character Shape Recorder erzeugt die PFR-Dateien und der im Browser integrierte Character Shape Player rastert sie für die Bildschirmdarstellung. Zum Schutz der Schriften arbeitet das PFR-Format mit Datenkomprimierung, Verschlüsselung und -> Subsetting.

Piezo-Technik

Eine von Epson entwickelte Tintenstrahl-Drucktechnologie, die mit winzigen Kristallen arbeitet, die in jeder einzelnen Düse sitzen. Durch elektrische Spannung verformt sich der Kristall: Dehnt er sich aus, wird die Tinte auf das Papier geschleudert; zieht er sich wieder zusammen, wird Tinte aus dem Vorratsbehälter gesogen. Da sich mit dieser Methode die austretende Tintenmenge gut steuern lässt, erreichen Geräte, die mit diesem Verfahren arbeiten, zurzeit Auflösungen von bis zu 1440 dpi.

PGP

(Abk. für engl. Pretty Good Privacy). Das bekannteste Verschlüsselungsprogramm für Computernachrichten.

Polysilizium-Display

Moderne Variante des TFT-Bildschirms. Diese Technologie ermöglicht die Herstellung von Displays mit kleineren Abmessungen bei zugleich höherer Auflösung und besserer Bildqualität. Die meisten der heute am Markt erhältlichen Daten- und Videoprojektoren sind mit dieser Technik ausgestattet.

PostScript

Programmiersprache zur Beschreibung von grafischen Objekten und Schrizeichen zur Übertragung vom Computer zum Drucker oder zum Laserbelichter;

von Charles Geschke und John Warnock in deren Unternehmen Adobe Systems entwickelt.

PPD-Datei

(PPD: Abk. für PostScript Printer Description): Textdatei, die den Funktionsumfang eines Geräts mit Hilfe eines PostScript-Interpreters beschreibt. Zu den Merkmalen und Funktionen eines Ausgabegeräts gehören Seitenformate, Handhabung von Papier und Film, Speichergröße und Verfügbarkeit von Schriften. Nicht alle Drucker besitzen den gleichen Funktionsumfang und selbst solche mit gleichen Funktionen rufen diese nicht immer auf die gleiche Weise auf. Die in der PPD-Datei enthaltenen Informationen dienen als Grundlage zum Aufruf der Funktionen des beschriebenen Ausgabegeräts.

Ppi

(Abk. für engl. Pixel per inch, dt. = Pixel pro Zoll): Die Anzahl der von einem Scanner oder einer Digitalkamera pro Inch erfassbaren Pixel beziehungsweise Bildpunkte.

PPP

(Abk. für engl. Point-to-Point Protocol). So nennt man ein spezielles Softwareprotokoll, mit dem ein Computer das TCP/IP (Internet-)Protokoll per Modem und normaler Telefonleitung nutzen kann und somit ein „vollwertiges Mitglied" des Internet wird. Protokoll für serielle Einwählungen.

Preflighting

Softwareseitiges Simulieren des Ausgabeprozesses. Statt eines Hardware-RIPs in einem Drucker oder Belichter übernimmt ein Software-RIP die Verarbeitung der Ausgabedatei und berei-

tet sie für die Monitoranzeige auf. Mögliche Probleme lassen sich so erkennen, ohne Ausgabematerial zu verbrauchen.

Punkt

Maßeinheit für Schriftgrößen.
Didot-Punkt alt: 0,376 mm
Didot-Punkt neu: 0,375 mm
DTP-Point: 0,353 mm
Pica-Point: 0,351 mm

PUR-Kleber

Polyurethan-Klebstoff für die Klebebindung

QuickDraw

Ein Teil des Macintosh-Betriebssystems, der für die Darstellung und die Funktionalität der grafischen Benutzeroberfläche wie zum Beispiel Menüleisten, Ordner, Buttons, Papierkorb und so weiter zuständig ist.

Rasterfrequenz (Rasterweite)

Feinheit eines Rasters als Maß für den Druck auf unterschiedlichen Papieren. Feine Raster mit hohen Frequenzen (zum Beispiel 60 oder 80 Linien pro Zentimeter) verlangen für den Druck gestrichene Papiere (Kunstdruck). In Deutschland erfolgt die Angabe der Rasterfrequenzen in Linien pro Zentimeter, in Amerika in lines per inch (lpi). Ein 60er-Raster (Rasterfrequenz 60 Linien pro Zentimeter) enthält 60 mal 60 gleich 3600 Rasterzellen pro Quadratzentimeter.

Rauschen

Bei der Digitalisierung von Bildern mit Scannern oder mit Hilfe digitaler Kameras kommt es in besonders dunklen Bildbereichen zu farbigen Pixelmustern. Dieses so genannte Rauschen entsteht

durch fehlendes Licht, denn das unbeleuchtete CCD gibt eine Hintergrundladung ab, welche sich als Farbpunkte bemerkbar macht. Das Rauschen nimmt mit der Betriebstemperatur zu, daher sollten zum Beispiel Studiolampen möglichst weit von digitalen Kameras entfernt stehen.

Rendering

Das Berechnen realer Abbilder von räumlichen Computermodellen. Der Begriff ist mittlerweile auch in der Bildbearbeitung anzutreffen und beschreibt die Komplettberechnung von Feindaten, von denen zuvor lediglich die Grobdaten montiert wurden. Beim Rendering greift die Software auf die hoch aufgelösten Bilder zurück und berechnet mit ihnen die Montage. Die beiden Macintoshprogramme Live Picture und Collage setzen diese Technik ein.

RIP

(Abk. für eng. Raster Image Processor): Hard- und/oder Software, die aus Texten, Fotos und Grafiken Pixelmuster in Form von mathematischen Seitenbeschreibungssprachen (PCL, PostScript) errechnet.

Router

Ein Computersystem, das Daten zwischen zwei Netzwerken transferiert, die dasselbe Protokoll verwenden. Die physikalischen Gegebenheiten der Komponenten können unterschiedlich sein; ein Router kann zum Beispiel Daten zwischen einem Ethernet und einer Standleitung transferieren.

Scanauflösung

Feinheit der Auflösung beim Scannen von analogen Bildvorlagen.

Scanformel

Auflösung (in dpi) = Druckrasterweite (L/cm) x 2 (Qualitätsfaktor) x Vergrößerungsfaktor x 2,54 (bei Umrechnung von cm in inch)

Scan-Kamera

Digitale Kameras dieses Typs verfügen über drei lineare CCD-Sensoren, die mit Hilfe eines Schrittmotors über die abzulichtende Fläche geführt werden und so die drei Grundfarben in einem mehrere Sekunden bis Minuten dauernden Scandurchgang erfassen. Im Gegensatz zu fast allen portablen Digitalkameras, die eine Matrix-CCD besitzen und durch kurze Belichtungszeiten die Aufnahme von Bewegtbildern erlauben, kommen Scan-Kameras bei der Aufnahme von unbewegten Objekten zum Einsatz. Die linearen CCD-Sensoren haben sich im Rahmen der Scannertechnologie bewährt und gestatten in der Regel deutlich höhere Auflösungen als Matrix-CCDs.

Schwarzaufbau

Er gibt an, wie die Farbe Schwarz innerhalb des Vierfarbsatzes eingesetzt wird. Der schwarze Farbauszug hat unterschiedliche Aufgaben. Er kann zum Einen die Detailzeichnung als auch den Kontrast in den dunklen Bereichen zu verbessern. Da hierfür nur relativ wenig Schwarz erforderlich ist, spricht man von kurzem Schwarz. Zum anderen lässt sich Schwarz auch nutzen, um einen bestimmten Teil der bunten Farben CMY zu ersetzen und so die Farbmenge im Druck zu reduzieren (langes Schwarz).

Serifen

Endstriche der Antiqua-Buchstaben, z.B. als Abschluss der Grundstriche zur Schriftlinie hin.

Serifenlose Schriften

Aus der Antiqua entwickelte Schriften, die keine Serifen aufweisen.

SGML

(Abk. für engl. Structured Generalized Markup Language) einer Metasprache zur Definition von Dokumentstrukturen, unabhängig vom eingesetzten System zur Verarbeitung und Darstellung des Dokuments. SGML definiert die logische Struktur eines Dokuments, nicht jedoch, wie das Dokument später aussehen soll. Dies wird durch den Standart DSSSL (Document Style Semantics and Specification Language, genormt. SGML und DSSSL sind z.B. durch ISO 8879 von 1986 genormt. Mit fest definierten Markierungen im Text, als Tag bezeichnet, wird die Struktur des Textes (Überschrift, Gliederung, Verweis auf andere Dokumente) festgelegt. Andere Dokumente werden als Verbindung eingetragen. Über diese Links kann der Benutzer wahlfrei auf die anderen Dokumente zugreifen.

Shockwave

Multimediaerweiterung von Macromedia für Internet-Browser. Shockwave ermöglicht skalierbare Vektorgrafiken, Sound und Animationen innerhalb einer Website.

Single-pass-Technik

Eigenschaft moderner Farbscanner, die die drei Grundfarben RGB (Rot, Grün, Blau) in einem Scandurchgang erfassen.

SmartMedia-Karte

(früher SSFDC: Abk. für engl. Solid State Floppy Disk Card): Von Toshiba entwickeltes und mittlerweile auch von Samsung angebotene Speicherkarte, die in technischer Hinsicht der -> PC-Karte ähnelt. Dabei handelt es sich um ein scheckkartenähnliches Speichermedium, das aber nur 0,76 Millimeter dick und 37mm mal 45 mm klein ist und relativ günstig produziert werden kann. Heute gibt es Floppy-Adapter, mit denen sich die Karten wie in gewöhnlichen 3,5-Zoll-Diskettenlaufwerken lesen lassen.

Spitzlichter

In der Fotografie bezeichnet man so die extrem hellen Reflexionspunkte auf den hochglänzenden Oberflächen, welche – unter Umständen aufgrund zu starker Ausleuchtung – sehr wenige oder gar keine Bilddetails enthalten.

SQL

(Abk. für engl. Standard Query Language). Eine Abfragesprache für relationale Datenbanken, die in Form von standardisierten Befehlen eine Datenabfrage über verschiedene Plattformen hinweg ermöglicht.

SSL

(Abk. für engl. Secure Sockets Layer): Ein Sicherheitsprotokoll, das die amerikanische Firma Netscape entwickelt hat und das die Kommunikation über das Internet vor fremden Zugriffen schützen soll. In der Hierarchie der Übertragungskonventionen ist SSL zwischen den Anwendungsprotokollen, etwa HTTP, SMTP, Telnet, FTP und Gopher, und dem Verbindungsprotokoll TCP/IP angesiedelt.

Subsetting

Die Reduktion von Schriftendateien auf eine begrenzte Zahl von Zeichen, nämlich auf diejenigen, die im Dokument vorkommen. Subsetting zählt neben der Verschlüsselung zu den Verfahren, die vor dem illegalen Kopieren von Schriften schützen sollen. Adobes Acrobat verwendet Subsetting bei PDF.

Subtraktive Grundfarben
Cyan, Magenta, Gelb, Yellow.

SVGA
(Abk. für engl. Super Video Graphics Array): Grafikdarstellung mit einer Bildauflösung ab 800 mal 600 Bildpunkten.

SWOP
(Abk. für engl. Specification for Web Offset Publications): Amerikanischer Standard für die Druckfarben. Ähnlich wie die Euroskala legt er die Farbweite der Prozessfarben Cyan, Magenta, Gelb und Schwarz fest.

TCP/IP
(Abk. für engl. Transmission Control Protocol/Internet Protocol): Kommunikationsprotokoll für die Datenübertragung in Weitnetzen, welches festlegt, wie Daten zwischen Computern im Internet übermittelt werden können. Anschließend übernimmt das Internet Protocol die Zustellung des Päckchens anhand der Zieladresse.

TFT
(Abk. für engl. Thin Film Transistor): Spezielle Technologie für LD-Displays mit aufwändiger Machart. Jeder Punkt auf dem Bildschirm benötigt drei Transistoren (Rot, Grün, Blau) für die Farbdarstellung.

Tonwert
Der Schwärzungsgrad des fotografischen Filmmaterials. Bei der Offset-Belichtung stimmt er mit dem Raster-

wert überein. Exakt lässt sich der Tonwert nur densitometrisch bestimmen. Als Ton- oder Rastertonwert bezeichnet man die relative Schwärzung des Papiers oder Films: relativ zur Gesamtfläche. Bei einem Tonwert von 100 % bedeckt die Farbe 100 % der verfügbaren Fläche, bei einem Tonwert von 50 % entsprechend die Hälfte.

Tonwertzunahme
Verbreiterung der Rasterpunkte bei verschiedenen Verarbeitungsprozessen. Drucktechnik: optisch u./o. mechanische Verbreiterung der Rasterpunkte; abhängig vom Bedruckstoff, der Rasterweite und der Bauart der Druckmaschine. Laserbelichtung: Punktverbreiterung durch Größe der Laserspots oder zu lange Entwicklung des Filmes.

TrueType
Ein Schriftenformat, das wie PostScript den Umriss eines Buchstabens als mathematische Beschreibung speichert. Apple und Microsoft entwickelten das Format, um Schriften in ihre neuen Betriebssysteme einzubauen. Diese Konkurrenz brachte PostScript-Erfinder Adobe dazu, das bis dahin verschlüsselte Schriftenformat Type 1 offenzulegen.

TWAIN
Von den Firmen Aldus, Caere, Kodak, Hewlett-Packard und Logitech federführend entwickelte standardisierte Softwareschnittstelle für Scanner und Digitalkameras, über die der Anwender alle Scanner- beziehungsweise Kamerafunktionen mittels Software steuert. Jedes Gerät, das diesem Standard entspricht, lässt sich aus allen TWAIN-kompatiblen Programmen heraus steuern.

Type-1-Schriften
Schriften, die ihre Beschreibung in Form von PostScript-Befehlen speichern. Das von Adobe entwickelte Format ist zu einem Standard in der Druckvorstufe geworden.

Überfüllung
(engl. trapping): Ein Verfahren, das beim Mehrfarbendruck dafür sorgt, dass sich zwei aneinander grenzende Farbflächen leicht überlappen, so dass auch bei geringen Ungenauigkeiten in der Bogenmontage keine weißen Stellen (Blitzer) auftauchen. Bei dieser Technik muss grundsätzlich die hellere Farbe die dunklere überlappen.

Unbuntaufbau
ist ein Verfahren zur CMYK-Separation von Farbbildern; gleiche Anteile Cyan, Magenta und Gelb (die übereinander gedruckt einen Grauwert ergeben) werden zum Teil durch Schwarz ersetzt, um Farbe zu sparen und Druckschwierigkeiten durch zu hohen Farbauftrag zu vermeiden.

Verlauf
Fließender, stufenloser Übergang von Hell nach Dunkel sowie zwischen Farben.

VGA
(Abk. für engl. Video Graphics Array): Grafikdarstellung mit einer Bildauflösung von 640 mal 480 Bildpunkten.

Video- und Audio-Streaming
Streaming-Technologien erlauben es, im Internet Audio- und Videodaten in Echtzeit zu übertragen, so dass man die Files nicht erst aus dem Web herunterladen muss. Auf der Server-Seite sorgt eine Kompressionssoftware dafür, dass

die übertragene Datenmenge nicht zu groß wird, auf der Client-Seite ist meist ein Plug-in wie zum Beispiel „RealPlayer" zur Decodierung der Daten nötig.

Vierfarbdruck

Übereinanderdruck der vier Standardfarben Gelb (Y), Magentarot (M), Cyanblau (C) und Schwarz (T).

Vollton

Tiefste Sättigung (100 %) einer Farbe auf einer Fläche.

Volltondichte

Abkürzung DV (Dichte Vollton); Maß für Farbschichtdicke und relative Farbsättigung im Offsetdruck.

VRAM

(Abk. für engl. Video Random Access Memory) : Speicher, der auf Grafikkarten Verwendung findet und simultane Zugriffe (dual ported) erlaubt.

VRML

(Abk. für engl. Virtual Reality Modeling Language): Erweiterung des Sprachumfangs von -> HTML, die 3-D-Simulationen im Web ermöglicht. Sie verlangt einen VRML-fähigen Browser oder ein zusätzliches Plug-in.

Wegschlagen

Physikalische Trocknung; Binde- oder Lösungsmittel der Druckfarben dringen in Papier ein, Harzanteile mit Pigmenten bleiben an der Oberfläche und verhärten später (Trocknung).

Weißabgleich

Die relative Farbintensität einer Lichtquelle. Die Einstellung des Weißabgleichs für eine Kamera dient zur Kompensation von Lichtquellen, deren Licht von der normalen RGB-Balance des Tageslichts abweicht.

WRAM

(Abk. für engl. Window Random Access Memory): Von Samsung entwickelter schneller Chip, der als Speicher auf Grafikkarten Verwendung findet. Er bietet 50 Prozent mehr Leistung und soll durch verbesserte Speichercontroller 20 Prozent billiger sein als herkömmliches ->VRAM.

XGA

(Abk. für engl. Extended Graphics Array): Von dem Unternehmen IBM entwickelter Grafikstandard zur Darstellung von 1024 mal 768 Bildpunkten bei bis zu 65 535 Farben.

XML

(Abk. für Extensible Markup Language): Vom W3-Consortium zur Ergänzung von HTML vorgeschlagene Auszeichnungssprache für das World Wide Web, die es ähnlich wie -> SGML erlaubt, Dokumente auch nach inhaltlichen Kriterien auszuzeichnen.

XSL

(Abk. für Extended Style Language): Ergänzend zu -> XML vom W3-Consortium entwickelte Stilvorlagen, mit denen sich Dokumente relativ einfach in verschiedenen Fassungen aufbereiten lassen sollen, etwa parallel fürs Web und für den Druck.

xy-Technologie

Verfahren, mit dessen Hilfe Flachbettscanner höhere Auflösungen über die gesamte Scanfläche hinweg erzielen, indem sie den Scankopf nicht nur in horizontaler Richtung (sozusagen die x-Achse), sondern auch in vertikaler Richtung (sozusagen die y-Achse) bewegen. Dabei setzen sie das Bild meist aus Teilbildern zusammen, indem sie einzelne Bereiche mit hoher Auflösung erfassen und sie anschließend zu einer hoch aufgelösten Gesamtdatei zusammenfügen. Damit die Teilbilder wirklich zusammenpassen, bedarf es einer exakten Steuerung der Scankopf-Position.

YCC-Format:

Datenformat, das Bilddokumente einer Photo-CD speichert. Das Y steht für Luminanz, die zwei C für zwei Chrominanzwerte, die die Farbleuchtkraft angeben.

ZIP

Verlustfreie Datenkompression. Hier werden nur Daten entfernt, die keine neue Information enthalten. Bei Anwendung auf hoch aufgelöste Bilddaten ist der Kompressionsfaktor gegenüber der JPEG-Komprimierung allerdings sehr gering. Wird von vielen Entpackern plattformübergreifend angewandt, zum Beispiel WINZIP.

LITERATUR

Arnheim, Rudolf
- Die Macht der Mitte
  Köln 1994
  Ein Plädoyer für anschauliches
  Denken Neue Beiträge.
  Köln 1991
- Kunst und Sehen.
  Eine Psychologie des
  schöpferischen Auges.
  Berlin 1978
- Anschauliches Denken.
  Zur Einheit von Bild
  und Begriff.
  Köln 1977

Hans Biedermann,
- Knaurs Lexikon der Symbole
  Augsburg 2002

Binnig, Gerd
- Aus dem Nichts.
  Über die Kreativität
  von Natur und Mensch.
  München 1989

Böhringer, Joachim
- Kompendium der Gestaltung
  Berlin 2000

Brandt, Reinhard
- Die Wirklichkeit des Bildes.
  Sehen und Erkennen.
  München 1999

brand eins
- So kalt das Hartz
  Schwerpunkt: Kommunikation
  (06/2005)

Braun, Gerhard
- Grundlagen der visuellen
  Kommunikation
  München 1993

Criegern, Axel von
- Vom Text zum Bild,
  Wege ästhetischer Bildung
  Weinheim 1996

von den Driesch
- Der Nutzen des Digitalen
  Saulheim 1997

Edwards, Betty
- Garantiert zeichnen lernen.
  Das Geheimnis der rechten
  Hirnhemisphäre
  Reinbek 1982

Ehmer, Hermann K.
- Visuelle Kommunikation:
  Beiträge zur Kritik der
  Bewußtseinsindustrie
  Köln 1971

Faulstich, Werner
- Einführung in die
  Medienwissenschaft,
  Paderborn 2004

Fischer, Volker
- Theorien der Gestaltung
  Frankfurt am Main 1999

Förster, Hans-Peter
- Corporate Wording.
  Konzepte für eine unter-
  nehmerische Schreibkultur
  Frankfurt / New York 1994

Fraser, Tom, Banks, Adam
- Farbe im Design
  Köln 2005

Frey, Siegfried
- Die Macht des Bildes.
  Der Einfluss der nonverbalen
  Kommunikation auf Kultur und
  Politik.
  Bern 1999

Gates, Bill
- Digitales Business
  München 1999

Geffken, Michael
- Anzeigen perfekt gestalten
  Landsberg/Lech 2001

Gekeler, Hans
- Handbuch der Farbe
  Köln 2000

Goldberg, Philip
- Der zündende Funke –
  Die Kraft der Intuition.
  Düsseldorf und Wien 1993

Götz, Veruschka
- Schrift & Farbe am Bildschirm
  Mainz 1998

GWP - Bern
- Satztechnik und Typografie
  Band 1-4
  Bern 1998

Hofmann, Armin
- Methodik Form und
  Bildgestaltung
  Basel 1965

Itten, Johannes
- Bildanalysen
  Ravensburg 1988

Janich, Nina
- Werbesprache
  Tübingen 2003

Jung, Holger,
von Matt, Jean-Remy
- Momentum. Die Kraft,
  die Werbung heute braucht.
  Hamburg 2002

Jute, André
- Arbeiten mit Gestaltungs-
  rastern
  Mainz 1998

Kandinsky, Wassily
- Punkt und Linie zu Fläche
  Bern 1955

Katz, Stephen D.
- Die richtige Einstellung
  4. Auflage
  Frankfurt a.M. 2002

Kirschenmann, Johannes
Schulz, Frank
- Bilder erleben und verstehen.
  Einführung in die Kunstrezeption.
  Leipzig 1999

Klein, Naomi
- No Logo!
  Gütersloh 2001

Kroeber-Riel, Werner
- Bildkommunikation
  München 1996

Küppers, Harald
- Harmonielehre der Farben
  Köln 1989

Mante, Harald
- Bildgestaltung in der
  Fotografie
  München 1980
- Motive kreativ nutzen
  Dortmund 1996

Maset, Pierangelo
- Ästhetische Bildung der
  Differenz.
  Kunst und Pädagogik im
  technischen Zeitalter.
  Stuttgart 1995

Ogilvy, David
- Ogilvy über Werbung,
  Frankfurt/Wien, 1984

Pricken, Mario
- Kribbeln im Kopf.
  Mainz 2001

Regel, Günther
- Medium bildende Kunst.
  Bildnerischer Prozess
  und Sprache der Formen
  und Farben.
  Berlin 1986

Reins, Armin
- Die Mörderfackel
  Mainz, 2005

Rösner, Hans, Kroh, Isabelle
- Visuelles Gestalten
  Frankfurt a.M. 1996

Rüegg, Ruedi
- Typografische Grundlagen,
  Handbuch für Technik
  und Gestaltung,
  Zürich 1972

Schuster, Martin
- Das ästhetische Motiv.
  Frankfurt a.M. 1985

Seiler-Hugova
- Farben sehen, erleben,
  verstehen
  Aarau 2002

Selle, Gert
- Gebrauch der Sinne.
  Eine kunstpädagogische
  Praxis.
  Reinbek 1988

Seyler, Axel
- Wahrnehmen und Falsch-
  nehmen
  Frankfurt a.M. 2004

Stoklossa, Uwe
▸ Blicktricks
Mainz 2006

Spiekermann, Erik
▸ Ursache und Wirkung
Berlin 1994

Stankowski, Anton
▸ Visuelle Kommunikation
Berlin 1989

Turtschi, Ralf
▸ Mediendesign
Zürich 1999

Urban, Dieter
▸ Die Kampagne,
Werbepraxis in 11 Konzeptions-
stufen,
Stuttgart 1997

Voss, Josef
▸ Entwicklung von graphischen
Benutzungsschnittstellen
München 1998

Wagner, Friedrich C.
▸ Grundlagen der Gestaltung,
plastische und räumliche
Darstellungsmittel
Stuttgart 1981

Weber, Klaus
▸ Punkt. Linie. Fläche
Druckgraphik am Bauhaus
Berlin 2000

Weidemann, Kurt
▸ Wo der Buchstabe das Wort
führt
Ostfildern 1997

Weinman, Lynda
▸ WebDesign :
Tips & Tricks für die Gestaltung
professioneller Web-Pages
Zürich 1999

Weisberg, Robert W.
▸ Kreativität und Begabung.
Was wir mit Mozart, Einstein
und Picasso gemeinsam haben
Heidelberg 1989

Welsch, Wolfgang
▸ Ästhetisches Denken.
Stuttgart 1990
Grenzgänge der Ästhetik
Stuttgart 1996

Wiedeking, Wendelin
▸ Das Davidprinzip
Frankfurt 2002

Wilberg, Werner
▸ Lesetypografie
Mainz 1996

Winter, Jörn (Hrsg.)
▸ Handbuch Werbetext
Frankfurt a. M. 2004

Wirth, Thomas
▸ Missing Links
München 2002

Zacharias, Wolfgang (Hg.)
▸ Schöne Aussichten?
Ästhetische Bildung
in einer technisch-medialen
Welt.
Essen 1991

Zimmer-Ploetz, Helga
▸ Professionelles Texten
(Reihe: New Business Line.
Manager-Magazin Edition)
Wien 1995

Zuffo Dario
▸ Grundlagen der visuellen
Gestaltung
Zürich 1990

INDEX

A

Absorption, 170
Abstaktionsniveau, 93
Achsen, 42
Achsenkonditionierung, 44
additive Farbmischung, 173
Ähnlichkeit, 69
AIDA-Formel, 135
Aktivieren, 211
ALDI-Test, 20
Anordnung, 65
Antialiasing, 191
ARD/ZDF-Online-Studie, 121
Assoziationen, 106
Assoziieren, 28
ästhetische Qualität, 205
Aufmerksamkeit, 103
Ausgewogenheit, 68

B

Badge-Marketing, 166
Bauhaus, 76
Bewegung, 65
Bewertung, 204
Big Idea, 151
Bildaufbau, 64
Bilder, 92
Bildgedächtnis, 106
Bild-Informationen, 103
Bildkommunikation, 103
Bildmarken, 92
Bildschirmtypografie, 190
Bildwahrnehmung, 104
Bildzeichen, 160
Blickfang, 204
Blickfeld, 164
Blickkontakt, 210
Blickrichtung, 46
Blickverlauf, 104
Blocksatz, 189

Bodoni, 182
Botschaft, 101
Botschaft, 153
Brainstorming, 154
Braun, Gerhard, 66
Buchstabenabstände, 191
Budgetwert, 150

C

CIE-Modell, 179
Clarendon, 182
CMY, 173
CMYK-Mischung, 173
Code, 93
Community, 123
Content, 123
Corporate Behaviour, 165
Corporate Blogs, 122
Corporate Communications, 165
Corporate Design, 165
Corporate Identity, 164, 165

D

Dachmarke, 96
Denken und Fühlen, 108
Deutung von Objekten, 42
Diagonale, 73, 167
Domizlaff, Hans, 164
Doppelseite, 193
Dramaturgie, 210
Dreieckskomposition, 77
DTP Punkt, 186
Durchschuss, 184

E

Edwards, Betty, 111
Einfachheit, 68

Einprägsamkeit, 107
E-Mail, 120
emotionales Ereignis, 105
Empfänger, 102
Erfahrung, 69
Ergänzen und Reduzieren, 56
Erinnerungswert, 150
Erscheinungsbild, 165
erster Eindruck, 210
Escher, Maurits C., 59
Eselspfad, 187

F

Farbe, 65
Farbe, 170
Farbe-an-sich-Kontrast, 176
Farbgefühl, 175
Farbkontraste, 176
Farbpsychologie, 175
Farbraum, 174
Farb-Rhomboeder, 174
Farbsättigung, 179
Farbsonne, 174
Farbtypen, 172
Farbwahrnehmung, 172
Farbwelten, 171
Faxtest, 185
Feedback, 102, 211
Fehlassoziationen, 106
Figur-Grund-Kontrast, 58
Finden, Formen und Fragen, 161
Fixationen, 104
Fläche, 78
Flächenteilungen, 167
Flattersatz, 189
Flickr, 121
Fließtexte, 181
Foren, 120
Form, 65
Format, 73, 164
Förster, Hans-Peter, 200
Fraktur, 182
Futura, 182

G

Garamond, 182
Geduldsfaden, 13
Gegendiagonale, 167
Gehirnhälften, 110
Geistesblitz, 29
Geschmacksdiskussion, 208
gestalterische Sichtweise, 18
Gestaltung bewerten, 206
Gestaltungsraster, 192, 195
Gestaltwahrnehmung, 68
Goldener Schnitt, 70
Grauwert, 181
Größe, 65
Groteskschrift, 185
Grunderfahrungen, 40
Grundflächen, 167
Grundlinie, 184
Grundlinienraster, 195
Grundnutzen, 159

H

Hell-Dunkel-Kontrast, 176
Helligkeit, 65
Hervorhebungen, 188
hierarchiefreies Arbeiten, 30
Hirnhälften, 108
Hochformat, 164
Horizont, 164
Hurenkind, 187

I

Ideen, 150
Ideen finden, 151
Image, 158
Informationsaufnahme, 104
innere Bilderwelt, 35
Innovation, 205
interaktive Medien, 122
Interaktivität, 120

K

Kalt-Warm-Kontrast, 176
Kandinsky, Wassily, 76
Kapitälchen, 187
Kernaussage, 153
Kerning, 189
KISS, 198
Klee, Paul, 76
Kommunikation, 100
Kommunikationsnebel, 102
Komposition, 64, 72
Komposition von Flächen, 167
konsequente Form, 69
Kontaktzahlen, 156
Kontraste, 73
Konzeptidee, 155
Konzeption, 152
Körperfarben, 173
Kreativität, 28
Kreativitätsforschung, 28
Kreativitätstechniken, 153
Kreativitätstest , 32
Kreis, 168
Kreis im Rechteck, 167
Kreistest, 32
Kroeber-Riel, Werner, 103
Küppers, Harald, 174

L

Lab-Modus, 179
Layout, 192
Lesbarkeit, 185
Lesefluss, 188
Leserichtung, 46
Licht, 50
Licht von links oben, 50
Lichtfarben, 173
Linie, 78
Links-rechts-Lesekultur, 50
Look, 165

M

Machen, 31
Marke, 164
Markenartikel, 158
Markenkonzept, 166
Marktforschung, 164
Marlboro-Cowboy, 157
Medien, 156
Mies van der Rohe, Ludwig, 76
Milka-Kuh, 157
Mind Mapping, 155
Mischung, 170
Moholy-Nagy, László, 76
monochrom, 178
MySpace, 121

N

Nähe, 69
Negativraum, 72
Netzhaut, 170
neu sehen, 19
Neuner-Teilung, 195
Newton, Isaac, 170
Nichtbeachtung, 12
Nutzen, 158

O

Oberlänge, 184
Optima, 182
Optische Mitte, 41
optische Täuschung, 59
Oval im Rechteck, 167

P

Permutation, 66
Pooth, Verona, 167
positives Denken, 208
Präsentation, 208
Prestigeleitbilder, 153
Pretest, 206
Punkt, 76

Punkt, Linie und Fläche, 76
Punktgrößen, 186
Punzen, 184

Q

Quadrat, 168
Qualitäts- und Quantitätskontrast, 176
Qualitätswert, 150
Querformat, 164

R

räumliche Bezüge, 55
räumliches Sehen, 54
räumliches Wahrnehmen, 42
Rechteck, 164
Rechteck im Rechteck, 167
Reflexion, 170
Reihenfolge der Information, 155
Revson, Charles, 164
Rezeptorensysteme, 172
RGB, 173
Richtung, 65, 68
Rubin, Edgar, 58
Rubin'sche Vase, 58

S

Saccade, 104
Sättigung, 178
Satz, 189
Satzspiegel, 193
Schnellcheck, 210
Schriftfamilien, 185
Schriftmaß, 186
Schusterjunge, 187
Schwerkraft, 40
Scrollen, 191
Sehmuster, 104
Seitenaufbau, 192
Sender, 102, 152
Sender-Empfänger-Modell, 102
Serifen, 184

Signale, 210
Simultan-Kontrast, 177
Sinneseindruck, 104
Sixt, 201
Spannung, 77
sprachliche Kommunikation, 100
Stimme, 211
Störsignale, 102
subtraktive Farbmischung, 173
Symbole, 92
Symmetrie, 48
symmetrische Formen, 48

T

Text, 198
Textur, 65
Tiefe, 65
Timing, 157
Tonwertkorrektur, 179
Tunnelblick, 19
Typografie im Web, 190

U

Überstrahlung, 190
Unruhe, 42
Unterlänge, 184
Urban, Dieter, 152
Urfarben, 174
Ursprungsfarben, 173
USP, 158

V

vernetztes Denken, 155
Versalhöhe, 184
Versprechen, 205
VGO, 174
Visualisieren, 160
Visualisierungsidee, 161
visuelle Merkmale, 64
Vorder- und Hintergrund, 58
Vorstellungskraft, 34

W

waagerecht und senkrecht, 42
Watzlawick, Paul, 100
Web 2.0, 121
Web-Gestalter, 124
Weblog, 121
Werbemittel, 156
Willberg, Hans Peter, 186
Wording, 198
Wortzwischenraum, 185

X

x-Höhe, 184

Z

Zeichen, 90
Zeilenabstand, 184
Zielgruppe, 154
Zimmer-Ploetz, Helga, 200
Zusatznutzen, 159
Zwiebelfisch, 187

Die neue Multimediawelt von MPEG-4.

Kühhirt/Rittermann
Interaktive audiovisuelle Medien
224 Seiten, 108 Abbildungen, 22 Tabellen.
ISBN 978-3-446-40300-0

Erstmalig widmet sich ein deutschsprachiges Buch umfassend dem neuartigen Objekt- und Szenenkonzept von MPEG-4. Dieses Konzept ermöglicht den Evolutionsschritt von den klassischen A/V-Medien wie dem Fernsehen hin zu modernen interaktiven A/V-Anwendungen. Diese sind nicht mehr an ein Endgerät oder einen Dienst gebunden sind und lassen so die Medienkonvergenz Realität werden.

Das Buch beschreibt die technischen Grundlagen (Codierung von Medienobjekten, Formulierung von Szenenbeschreibungen, Applikationen) der gesamten digitalen Medienkette, welche für die Realisierung des Konzeptes notwendig sind, und stellt diese anhand praktischer Beispiele dar. Im Internet gibt es Beispielanwendungen, Quellmaterial und eine Liste mit interessanten Links unter: www.iavm.de

Mehr Informationen unter **www.hanser.de/technik**

Von der Idee zum Videofilm.

Petrasch/Zinke
Einführung in die Videofilmproduktion
296 Seiten, 170 Abbildungen, 26 Tabellen.
ISBN 978-3-446-22544-2

Für die Produktion qualitativ hochwertiger Videofilme sind neben technischem Know-how auch vielfältige konzeptionelle Vorarbeiten notwendig. Dieses Buch geht auf die wichtigsten Inhalte des weiten Spektrums der Videofilmproduktion ein und spiegelt den kompletten Produktionsprozess wider. Es vermittelt sowohl technische als auch dramaturgische und gestalterische Aspekte für Videoaufnahme und -bearbeitung.
Das Buch wendet sich an Studierende der Medieninformatik, Medientechnik, Medienwirtschaft und Medienpädagogik, Auszubildende im Fach »Mediengestalter Bild und Ton«, Berufseinsteiger im Rundfunk und interessierte Praktiker.
Im Internet unter http://www.videofilmproduktion-online.de gibt es Beispiele zur Videofilmproduktion, ergänzende Inhalte und thematisch gegliederte umfangreiche Linklisten.

Mehr Informationen unter **www.hanser.de/technik**

Auf den guten Ton kommt es an.

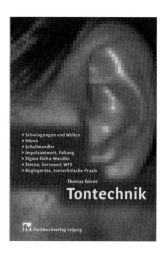

Görne
Tontechnik
376 Seiten, 207 Abbildungen, 33 Tabellen.
ISBN 978-3-446-40198-3

Dieses Buch gibt einen Einblick in die Tontechnik von den akustischen und nachrichtentechnischen Grundlagen bis hin zu Aufbau und Funktion der verschiedenen Studiogeräte, Mehrkanaltechnik und Klangsynthese.

Ein besonderer Schwerpunkt ist dabei der Bezug zur Praxis: Wie funktioniert ein Faltungseffekt, wann braucht man einen Noise Shaper, in welcher Weise kann eine Wandreflexion den Klang verändern?

Mit zahlreichen Bildern und Tabellen, Beispielen und Herleitungen sowie mit einem umfangreichen Sachwortverzeichnis dient dieses Buch gleichermaßen als Lehrbuch und als Nachschlagewerk für die tägliche Arbeit in Tonstudio und Konzertsaal.

Mehr Informationen unter **www.hanser.de/technik**

Von den klassischen Grundlagen zum Digital Cinema.

Schmidt
Digitale Film- und Videotechnik
216 Seiten, 213 Abbildungen, 25 Tabellen.
ISBN 978-3-446-21827-7

Als einem der letzten Gebiete der Medientechnik steht nun auch der Film vor einer umfassenden Digitalisierung. Die Videotechnik, als zweiter Bereich der Bewegtbildverfahren, ist bereits weitgehend von diesem Prozess durchdrungen und wird gegenwärtig zu höheren Bildauflösungen hin getrieben. Vor diesem Hintergrund werden die Film- und Videotechnik in diesem Buch gemeinsam behandelt. Zugehörige Stichworte lauten: Filmformate, Filmeigenschaften, Filmton, Videosignal, Aufzeichnungsverfahren, HDTV, 1080/24p, Kamera, Filmabtaster, Filmbelichter, Filmschnitt und Compositing für Film und Video.

»... eine gelungene Einführung in die Filmtechnik.«
Frankfurter Allgemeine Zeitung

Mehr Informationen unter **www.hanser.de/technik**